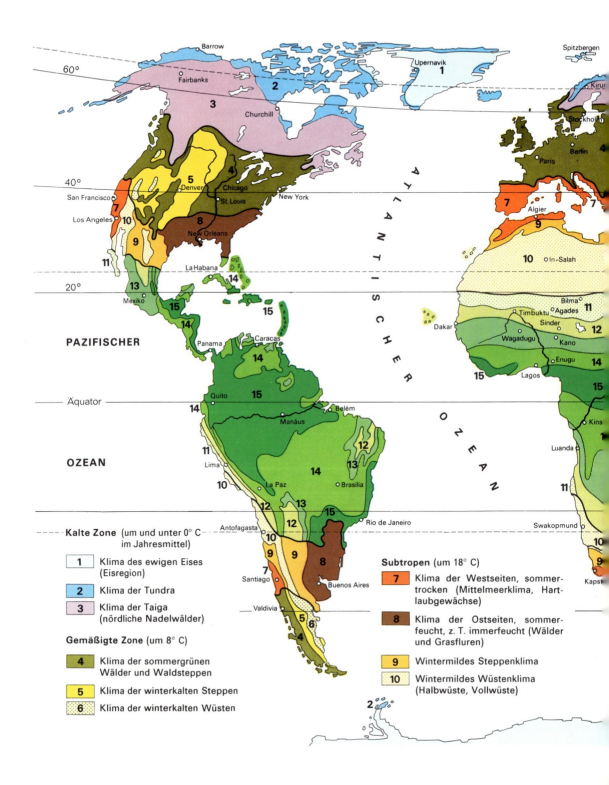

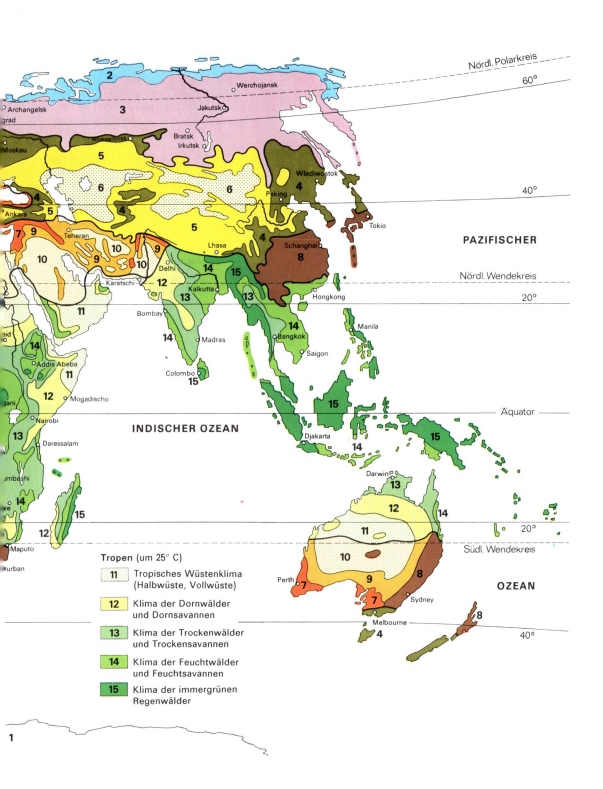

TERRA ERDKUNDE

8 SCHLESWIG HOLSTEIN

ERNST KLETT VERLAG

TERRA · **ERDKUNDE für Hauptschulen in Schleswig-Holstein, 8. Schuljahr**

Herausgegeben von Karl Günther Krauter und Lothar Rother
unter beratender Mitarbeit von Gottfried Bräuer

Autoren:
Gottfried Bräuer, Jürgen Bünstorf, Egbert Daum, Friedrich W. Dwars, Christa van Husen, Karl-Günther Krauter, Lothar Rother, Arnold Schultze

Das Unterrichtswerk entstand unter Mitwirkung der Redaktion Geographie,
Leiter: Frithjof Altemüller
Mitarbeit an diesem Werk: Walter Roth, Verlagsredakteur

Grafik: Günter Bosch, Stuttgart
Karten: Joachim Krüger, Walter Scivos
Einbandentwurf: Hitz und Mahn, Stuttgart

ISBN 3-12-297130-5

1. Auflage   1 5 4 3 2 1 | 1991 90 89 88 87

Alle Drucke dieser Auflage können im Unterricht nebeneinander benutzt werden, sie sind untereinander unverändert. Die letzte Zahl bezeichnet das Jahr dieses Druckes.
© Ernst Klett Verlage GmbH u. Co. KG, Stuttgart 1987. Alle Rechte vorbehalten.
Fotosatz und Druck: Ernst Klett Druckerei

Inhalt

Lateinamerika — ein Kulturerdteil

Erster Überblick: Geschichte und Bevölkerung	4
Landschaften und Klima in Lateinamerika	8
Wie hat sich die brasilianische Wirtschaft entwickelt?	10
São Paulo: die Wirtschaftsmetropole Brasiliens	12
Brasilia: Hauptstadt nach Plan	14
Amazonien – Erschließung und Gefährdung	16
Die Zukunft Amazoniens – Chance und Risiko	20
Die Pampa vor hundert Jahren und heute: Beispiel Argentinien	22
Die Estancia San Miguel in Argentinien	24
Mittelamerika – Wirtschaftsregion und Krisenzone	26

Nordamerika

Kontinent der klimatischen Gegensätze	32
Die Großlandschaften der USA	34
Durch den Westen der USA	36
Die Indianer – ein Volk ohne Hoffnung?	40
Siedlungs- und Flurformen in den USA	42
Die Anbauzonen der USA	44
Weizen und Mais	46
Bewässerung in Südkalifornien	48
Verstädterung in den USA	50
Gliederung der nordamerikanischen Stadt: Beispiel New York	52
Die USA – führende Industrienation der Erde	54
Der Manufacturing Belt – das älteste Industriegebiet der USA	56
Industriegebiete im Westen der USA	58

Die Sowjetunion

Was weißt du über das größte Land der Erde?	60
Die Klimazonen	62
Die Vegetations- und Anbauzonen	64
Die kollektive Landwirtschaft	68
Die Neulandaktion in Kasachstan	72
Moskau – Hauptstadt und Wirtschaftszentrum der Sowjetunion	74
Industriealisierung durch Planwirtschaft	76
Die Baikal-Amur-Magistrale: Schienenstrang des Jahrhunderts	78
USA und UdSSR im Vergleich	80

Anhang

Klimastationen	82
Ausgewählte Grundbegriffe	84
Bild- und Quellennachweis	89

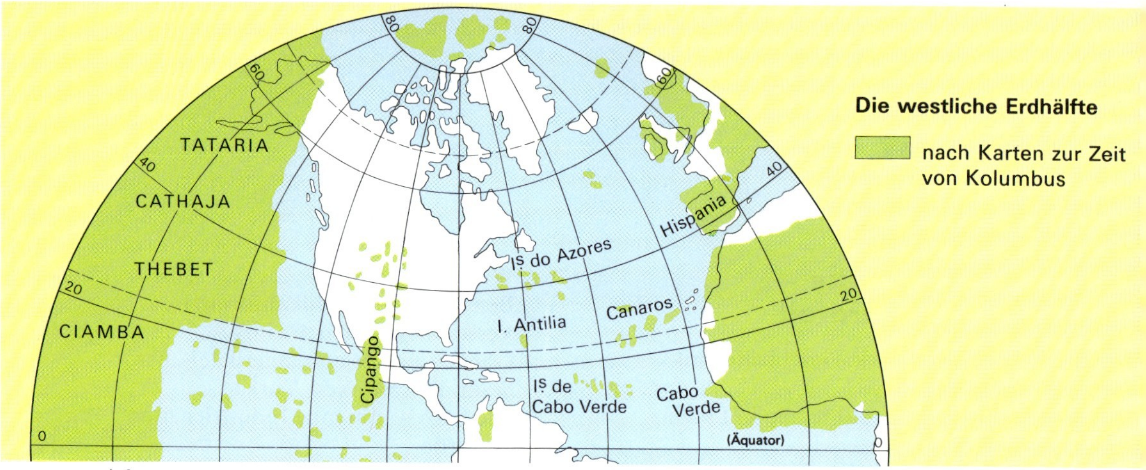

Die westliche Erdhälfte
nach Karten zur Zeit von Kolumbus
TATARIA
CATHAJA
THEBET
CIAMBA
Cipango
Is do Azores
Hispania
I. Antilia
Canaros
Is de Cabo Verde
Cabo Verde
(Äquator)
80
60
40
20
0

▲1 2▼

4

1
A
F
2
G
ⓓ
3
H
4
5
ⓑ
B
Äquator
6
7
ⓒ
ⓔ
8
9
D
C
10
12
11
ⓐ
13
E
Zum Vergleich:
1 : 60 000 000
30°
10°
10°
30°
50°
140°
120°
100°
80°
60°
40°
20°

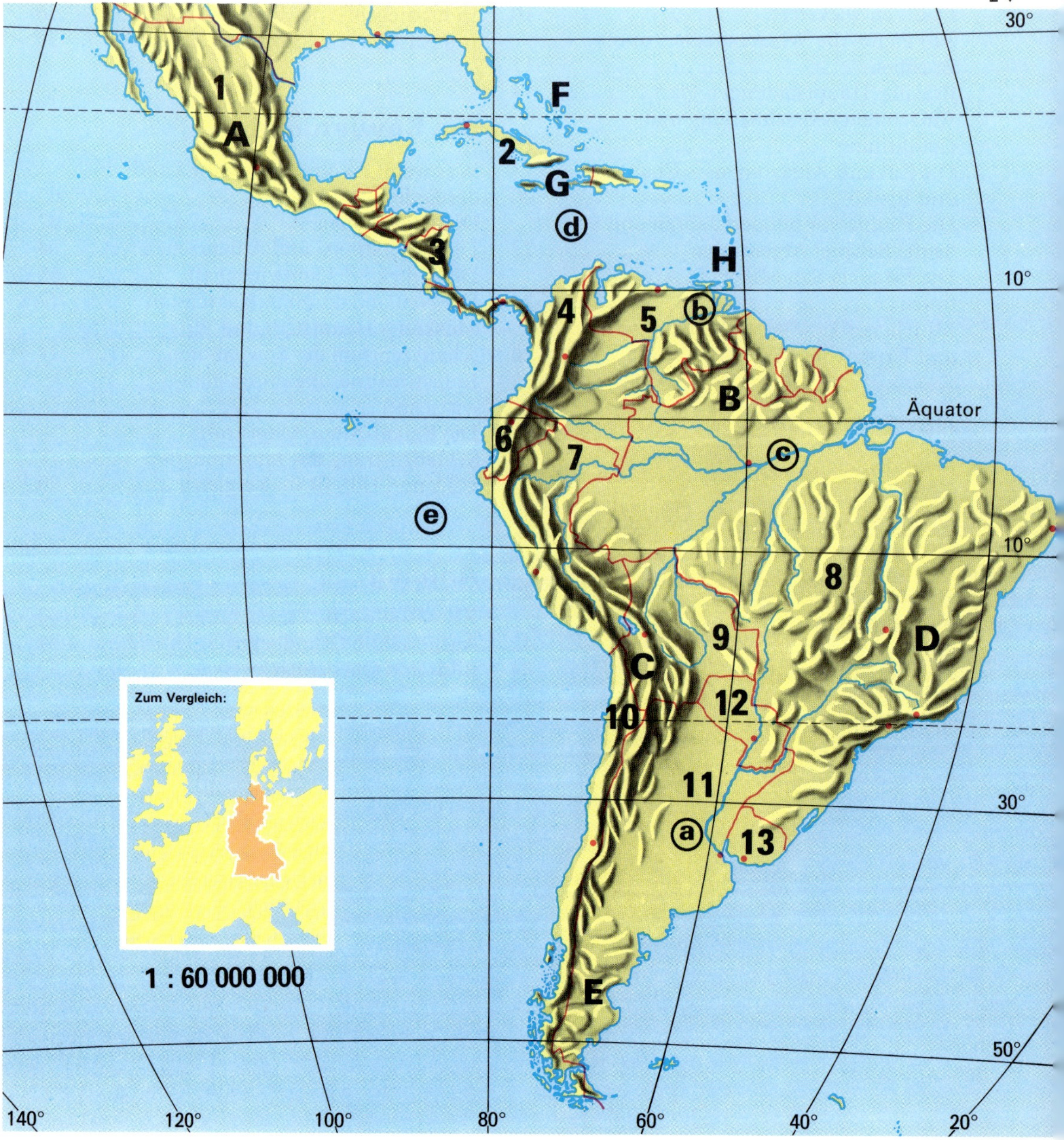

Lateinamerika heute

Was wissen wir eigentlich über Lateinamerika?

- Lateinamerika ist zweieinhalbmal so groß wie Europa.
- Der Erdteil liegt vorwiegend in den Tropen und Subtropen.
- Ein Kontinent zwischen Steinzeitalter und Kernenergie.
- Reichtum und Armut stoßen hier hart aufeinander.
- Nirgendwo sonst in der Dritten Welt sind Landflucht und Verstädterung so ausgeprägt wie in Mittel- und Südamerika. Die Elendsviertel dehnen sich immer weiter aus.
- Die Not der Tagelöhner, Pächter und Kleinbauern endet in Resignation oder Aufruhr.
- Sinkende Rohstoffpreise führen zu einer drückenden Schuldenlast.
- Amazonien, dem größten Urwaldgebiet der Erde, droht die Vernichtung.

3 ▲

Lateinamerika — ein Kulturerdteil

Erster Überblick: Geschichte und Bevölkerung

1 Abb. 3 zeigt einige Merkmale und Probleme Lateinamerikas. Was fällt dir zu diesem Kontinent außerdem ein?

2 Stelle mit Hilfe von Abb. 2 zusammen: Staaten 1-13, Landschaften A-E, Inselgruppen F-H, Flüsse und Meere a-e.

4 ▼

Die ersten Europäer in Lateinamerika

1474 hatte der Arzt und Naturforscher Toscanelli in Florenz eine Karte entworfen, auf der die Westküste Europas und die Ostküste Asiens sich an einem Ozean gegenüber liegen. Man brauchte also nur gen Westen zu fahren, um Indien auf direktem Weg zu erreichen.
Diesen Gedanken griff der aus Genua stammende Seefahrer und Kaufmann Christoph Kolumbus (1451—1506) wieder auf. Da der portugiesische König nicht bereit war, das Unternehmen zu finanzieren, wandte sich Kolumbus an den spanischen Hof, wo er sofort Unterstützung fand. Drei Schiffe wurden ausgerüstet, am 3. August 1492 begann die Reise nach Westen. Im Bordbuch des Kolumbus heißt es am 11./12. Oktober 1492:
,,Ich blieb weiterhin auf westlichem Kurs. Wir erblickten einige Sturmvögel und ein grünes Schilfrohr. Um 2 Uhr morgens kam das Land in Sicht. Wir holten alle Segel ein und fuhren nur mit einem Großsegel. Dann legten wir bei und warteten bis zum Anbruch des Tages, der ein Freitag war, an welchem wir zu einer Insel gelangten, die in der Indianersprache ,,Guanahani" hieß. Dort erblickten wir sogleich unbekleidete Eingeborene. Einige von diesen Männern hatten die Nase durchbohrt und durch die Öffnung ein Stück Gold geschoben. Mit Hilfe der Zeichensprache erfuhr ich, daß man gegen Süden fahren müsse, um zu einem König zu gelangen, der große goldene Gefäße und viele Goldstücke besaß."
Kolumbus nahm während seiner ersten Reise noch mehrere Inseln in der Karibik, darunter Kuba und Haiti, in Besitz.
Die Hoffnung auf große Reichtümer wurde Anlaß für die Eroberungszüge der spanischen Konquistadoren. So zerstörte 1519—1521 Ferdinand Cortez das Aztekenreich in Mexiko, 1532—1533 wurde das Inkareich von Franzisco Pizarro erobert.

Landung des Kolumbus auf Haiti 5 ▼

5

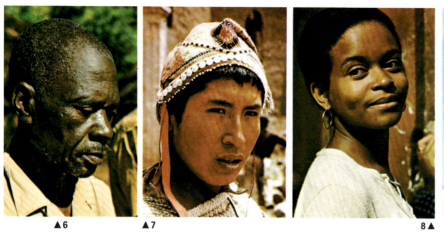

▲6　　▲7　　　　　　　　　　8▲　　9▲

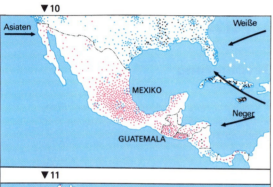

▼10

▼11

1 Punkt = 100 000 Einwohner:
- Indianer und Mestizen
- Neger und Mulatten
- Weiße
- Asiaten (vor allem Chinesen und Japaner)

Bevölkerung

Die Vergangenheit Lateinamerikas spiegelt sich bis heute in der Zusammensetzung der Bevölkerung wider. Die starke Vermischung der Rassen, die gemeinsame Kultur und Religion sind wichtige Gründe dafür, daß in Lateinamerika die Rassengegensätze nicht so offenkundig sind wie in anderen Teilen der Erde. Dagegen bestehen große soziale Unterschiede auf dem Lande wie in den Städten. An die reichen Villenviertel der Oberschicht grenzen oft direkt die Elendsquartiere der Armen. Eine Ursache der sozialen Gegensätze ist in der Herkunft der Bevölkerung zu suchen. Die **Indios**, die Nachkommen der Ureinwohner, leben heute zum größten Teil noch als ärmste Schicht auf dem Lande, vor allem im Gebirge oder im Tropischen Regenwald. Die Oberschicht setzt sich noch immer vorwiegend aus den Nachkommen der spanischen und portugiesischen Großgrundbesitzer zusammen. Alle in Lateinamerika geborenen reinrassigen Weißen werden als **Kreolen** bezeichnet. Die **Mestizen** stellen die Mittel- und Unterschicht in den Städten. Sie sind eine Mischung zwischen Weißen und Indios. In Brasilien und auf den Inseln in der Karibik leben viele Nachkommen ehemaliger afrikanischer Sklaven. Die Mischlinge zwischen Weißen und Schwarzen heißen **Mulatten**, die zwischen Schwarzen und Indianern **Zambos**. Die sozialen Unterschiede und die starke Bevölkerungszunahme gehören zu den aktuellen Problemen fast aller Staaten Lateinamerikas.

3 *Die Fotos zeigen Menschen unterschiedlicher Rassen. Ordne die Bilder zu.*

Das Reich der Inka

Als die Spanier Amerika entdeckten, gab es in den hochgelegenen Tälern und Plateaus der Anden und der Gebirge Mittelamerikas alte hochentwickelte Kulturen, wie das Reich der Inka in Peru und das der Azteken in Mexiko. Das Inkareich hatte eine Nord-Süd-Ausdehnung von fast 4000 km. Es beherrschte etwa hundert Völker und Stämme, die alle tributpflichtig waren. So gelangten ungeheure Schätze in die Hauptstadt Cuzco. Ein gutes Straßennetz und ein leistungsfähiges Nachrichtensystem verband die einzelnen Teile des Reiches und sicherte die Herrschaft. An der Spitze des Staates stand der unumschränkte Gott-König, er verkörperte die Sonne, die von den Untertanen als höchstes Symbol verehrt wurde. Die Könige lebten in großen Palästen, die von weiträumigen Parkanlagen umgeben waren. Die Räume waren mit kostbaren Teppichen ausgelegt, die Wände mit Goldplatten verziert, man aß von goldenen Tellern. Die Mauern der Paläste, Tempel und Verteidigungsanlagen bestanden aus fugenlos aneinandergesetzten Steinen. Die Ruinen der alten Inkafestung Machu Picchu vermitteln noch heute ein Bild der hochentwickelten Baukunst. Nach der Eroberung des Inkareiches zerstörten die spanischen Eroberer die meisten Siedlungen. Die Bewohner wurden unterworfen, soweit sie nicht in unwegsame Gebirgsgegenden fliehen konnten. Gold, Silber und Edelsteine wurden geraubt. Die überlebende Bevölkerung, die Indios, wurden nach den Vorstellungen der neuen Herren kolonisiert. Sie mußten das Christentum annehmen. Spanisch wurde die Landessprache von Mexiko bis Feuerland mit Ausnahme Brasiliens, wo portugiesisch gesprochen wird.

12 ▲

4 Erläutere die Abb. 10 und 11.
5 Stelle eine Zeittafel mit den wichtigsten Daten zur Entdeckung und Eroberung Amerikas zusammen. Vergleiche dazu auch Abb. 1.

6 Die Vernichtung des Inkareiches durch die Spanier ist ein Beispiel für die oft gewaltsame Eroberung Lateinamerikas. Beschreibe Verwaltungsform und Kultur des einstigen Inkareiches.

▼ 13 Dorf in Peru in 3600 m Höhe

▼ 14 Indiofamilie

Machu Picchu bei Cuzco, Peru 15 ▼

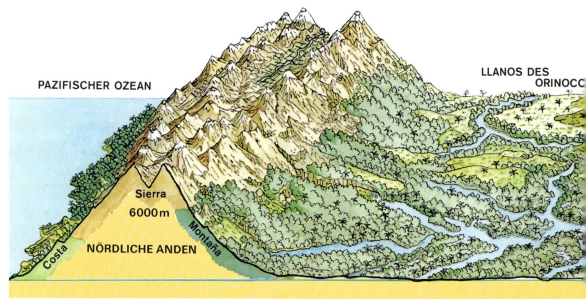

▲1 Stromgebiet des Amazonas

Landschaften und Klima in Lateinamerika

Der Kulturerdteil Lateinamerika oder **Iberoamerika** schließt folgende Räume ein:
● Südamerika
● Mittelamerika (Mexiko, Zentralamerika und die Inseln im Karibischen Meer).
Die Namen dieses Kulturerdteils sind nur aus der Geschichte zu verstehen. Wegen der aus Spanien und Portugal stark beeinflußten Kultur und der dort verbreiteten romanischen Sprachen, die aus dem Lateinischen hervorgegangen sind, wird der Kontinent Lateinamerika genannt. Der Name Iberoamerika stammt von den Iberern, den Bewohnern der Iberischen Halbinsel.
Die Gliederung Südamerikas ist übersichtlich. Den gesamten Westen beherrschen die Kordilleren oder Anden. Sie sind ein junges Faltengebirge mit zahlreichen Vulkanen im mittleren und nördlichen Teil. Hier treten häufig verheerende Erdbeben auf. Im Norden setzen sich die Anden über die mittelamerikanische Landbrücke und die Inseln fort. Im Osten Südamerikas liegen die Bergländer von Guayana und Brasilien sowie die Tiefländer am Orinoko, Amazonas und La Plata.

Nach Süden folgen die trockenen und unfruchtbaren Hochebenen Patagoniens.
Das **Klima** Südamerikas ist durch die Lage zum Äquator bestimmt. Rund zwei Drittel des Kontinents liegen in den Tropen. Hier beträgt die Schwankung der Temperatur im Jahresgang nicht mehr als 2 bis 3°C. Im Amazonas-Tiefland liegen die Temperaturen zwischen 26 und 27°C. In 3 000 m Höhe, in den Anden, werden auf gleicher geographischer Breite zwischen 13 und 14°C gemessen. Entsprechend verschieden sind auch die Vegetationsverhältnisse. So unterscheidet man in den Tropen Lateinamerikas mehrere Höhenstufen.
Die **Tierra caliente** ist das heiße Land, mit Sumpfgebieten und üppigem Regenwald.
Dann folgt die **Tierra templada,** das gemäßigte Land, von 1 000 bis 2 300 m.
Die Zone darüber ist die **Tierra fria,** das kalte Land, bis 3 400 m. Innerhalb dieser drei Zonen werden alle wichtigen Kulturpflanzen angebaut.
Darüber, in der **Tierra helada,** hört jeder Pflanzenwuchs auf.

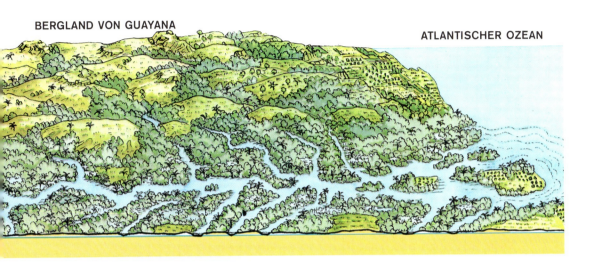

Ab 4 600 m beginnt die Schnee- und Eiszone, die **Tierra nevada**.
Niederschlagsmenge und -verteilung sind von der Breitenlage, den vorherrschenden Winden und dem Relief abhängig. Der Nordost- und der Südostpassat bringen den Osthängen der Bergländer ergiebige Niederschläge, die in Äquatornähe durch Zenitalregen verstärkt werden.
Auch an den Ostseiten der Länder Zentralamerikas und Mexikos fallen hohe Niederschläge.
Die Anden sind die große Klimascheide Südamerikas. Der schmale Küstenstreifen und der Westhang der Kordilleren werden vom Pazifik beeinflußt. Vom Äquator bis etwa 28 Grad südlicher Breite reicht die Wirkung des kalten Humboldtstromes. An der Küste bildet sich häufig dichter Nebel, es regnet aber nicht. Daher erstreckt sich hier auf viele Hunderte von Kilometern eine Küstenwüste mit Dünenfeldern, nur gelegentlich unterbrochen durch Küstenoasen an kleinen Flüssen.
Der äußerste Süden des Kontinents reicht bis in die Gemäßigte Zone. Das mittlere Chile hat ein ähnliches Klima wie unser Mittelmeergebiet, die Niederschläge fallen im dortigen Winterhalbjahr. Sie werden durch stürmische Westwinde verursacht und nehmen nach Süden hin immer mehr zu.

1 Stelle im Atlas die Lage Südamerikas im Gradnetz fest.
Wie groß ist die Ost-West-Ausdehnung und die Nord-Süd-Erstreckung?
2 Bestimme und miß die auf dem Landschaftsquerschnitt dargestellte Strecke.
3 Durch welche Großlandschaften Lateinamerikas führt der Querschnitt?
4 Suche im Atlas Manáos und Valparaiso. Beschreibe jeweils den Temperaturgang und die Niederschlagsverteilung während eines Jahres (Klimastationen im Anhang).
5 Vergleiche die Klimazonen Südamerikas und Afrikas.

1 Bevölkerungsdichte Brasiliens

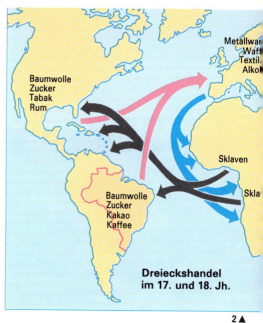

2 Dreieckshandel im 17. und 18. Jh.

Wie hat sich die brasilianische Wirtschaft entwickelt?

Als der Portugiese Cabral im Jahre 1500 mit seiner Flotte an der brasilianischen Nordostküste landete, traf er auf Indianer. Die Eindringlinge hofften, Gold und Silber zu finden. Dafür bot ihnen das Land andere Produkte und Möglichkeiten.

Brasilholz
Dieses Holz gab der Kolonie den Namen. Seine rote Farbe wurde in den Wollfärbereien Europas sehr geschätzt.

Zuckerrohr
Um die Mitte des 16. Jahrhunderts begannen die Portugiesen im Nordosten Brasiliens auf Plantagen Zuckerrohr und auch Kakao anzubauen. Die höchsten Gewinne erzielten sie durch den Verkauf von Zucker nach Europa. Da Arbeitskräfte fehlten, verschleppten Sklavenhändler Millionen von Schwarzen unter unmenschlichen Bedingungen von Afrika nach Brasilien. Ende des 17. Jahrhunderts war die Blütezeit des Zuckerhandels vorbei. Der Nordosten verfiel in tiefste Armut.

Gold und Diamanten
Diese Bodenschätze wurden zu Beginn des 18. Jahrhunderts im Gebiet des heutigen Minas Gerais entdeckt. Daraufhin stieg der Südosten des Landes zum wirtschaftlichen Zentrum Brasiliens auf. Nun wurde Rio de Janeiro 1763 anstelle von Salvador (Bahia) die neue Hauptstadt. Als sich die Gold- und Diamantenvorkommen erschöpften, verlor auch Minas Gerais an Bedeutung.

Kautschuk
In der zweiten Hälfte des vorigen Jahrhunderts geriet der wilde Kautschukbaum (Hevea brasiliensis) in das Blickfeld. Kautschuk ist der Rohstoff für die Gummiherstellung. Bis 1912 war Brasilien bei weitem das wichtigste Erzeugerland. Hunderttausende zogen auf der Suche nach dem „weißen Gold" in den Urwald. Das Amazonasgebiet erlebte einen wirtschaftlichen Aufschwung. Manaus, mitten in der Wildnis gelegen, wurde für kurze Zeit zum Mittelpunkt des Kautschukhandels. Prunkvolle Bauten entstanden, z. B. ein Opernhaus, in dem die bekanntesten Künstler der damaligen Zeit auftraten. Doch dann schmuggelte ein Engländer Kautschuksamen aus dem Land. Bald konnten die Plantagen in den englischen Kolonien Ceylon und Malaya sehr viel billiger Kautschuk erzeugen. Der Weltmarktpreis verfiel: Der Kautschukboom in Brasilien war so schnell vorüber, wie er gekommen war.

Kaffee
Fast gleichzeitig mit dem Kautschuk wurde der Kaffee zum bedeutenden Handelsgut. Er

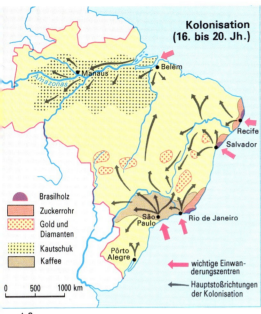

▲ 3 Kolonisation (16. bis 20. Jh.)

▲ 4 Wirtschaftsräume Brasiliens

ist bis heute das wichtigste Ausfuhrerzeugnis geblieben. Im Paraíba-Tal zwischen Rio de Janeiro und São Paulo wurden riesige Flächen mit Kaffee bepflanzt. Jetzt entwickelte sich São Paulo zum führenden Wirtschaftszentrum Brasiliens. Stichbahnen erschlossen die Hauptanbaugebiete. Mit englischem Geld wurde der Ausfuhrhafen Santos gebaut. Bis heute strömt ausländisches Kapital nach Brasilien. Die von außen bestimmte Wirtschaftsentwicklung des Landes hält also auch in der Gegenwart an. Wichtige Bereiche der brasilianischen Wirtschaft werden vom Ausland kontrolliert, z. B. die Auto- und die Arzneimittelindustrie.

1 Beschreibe die räumliche Verteilung der Bevölkerung in Brasilien (Abb. 1). Vergleiche mit Europa.
2 Stelle die wichtigsten Abschnitte der wirtschaftlichen Entwicklung in einer Tabelle zusammen. Nimm Abb. 3 zu Hilfe.
3 Erläutere den Dreieckshandel zwischen Europa, Afrika und Amerika (Abb. 2).
4 Neben der unausgewogenen Bevölkerungsverteilung geht auch der heutige Gegensatz zwischen Arm und Reich, zwischen Besitzenden und Besitzlosen, bis auf die Kolonialzeit zurück. Werte die Abbildungen 5 und 6 aus.
5 Zeige Zusammenhänge zwischen den Abbildungen 1, 3 und 4 auf.

▲ 5 In Brasilien besitzen: 6% der Landbesitzer — 94% des Bodens

▼ 6 Ein brasilianischer Priester zu den Ursachen und Folgen der Unterentwicklung

„Die räumliche, wirtschaftliche und soziale Entwicklung Brasiliens wird seit Jahrhunderten maßgeblich von Europa und Nordamerika bestimmt. Während unser Land mehr und mehr verarmt, wachsen Reichtum und Wohlstand in den Industrienationen. Ähnlich wie in Brasilien verläuft die Entwicklung in anderen Ländern der Dritten Welt. Noch immer wächst die Kluft zwischen reichen und armen Staaten.
Auch innerhalb der Entwicklungsländer verschärfen sich die Gegensätze immer mehr. Brasilien ist dafür ein Musterbeispiel. Die wirtschaftliche Entwicklung konzentriert sich hier hauptsächlich auf die ohnehin bevorzugten ‚Inseln des Wohlstandes', wie z. B. São Paulo oder Rio de Janeiro. Regionen wie der Nordosten fallen noch weiter zurück. Nur ein kleiner Teil der Bevölkerung hat Anteil am wirtschaftlichen Wachstum."

▲1 VW do Brasil, der größte Industriebetrieb Lateinamerikas

São Paulo: die Wirtschaftsmetropole Brasiliens

Auf Lastwagen, in überfüllten Bussen und Zügen kommen täglich über 1 500 Zuwanderer nach São Paulo – weit mehr Menschen, als hier an einem Tag geboren werden. Die Stadt ist das Traumziel von Millionen, die das Elend auf dem Land hinter sich lassen wollen. So kommt es, daß immer mehr Brasilianer in Städten wohnen. Dieser Vorgang der **Verstädterung** bringt viele Probleme mit sich.

Kaum eine Stadt der Welt wächst so schnell wie São Paulo. Wolkenkratzer aus Glas und Beton schießen im Stadtzentrum in immer neuen Formen wie Pilze aus dem Boden. In den Außenvierteln entstehen neue Fabriken. Jeder kann bauen, wo und wie er will. Eine Planung findet kaum statt.

Der Aufstieg von São Paulo zum führenden Wirtschaftszentrum und zur größten Stadt Brasiliens begann mit dem Kaffeeboom um die Mitte des vorigen Jahrhunderts. Ab 1930 förderte die brasilianische Regierung die Industrialisierung, um das Land von Einfuhren unabhängiger zu machen.

Nach dem Zweiten Weltkrieg haben sich besonders im Raum São Paulo viele ausländische Firmen niedergelassen. Das Volkswagenwerk, der größte Arbeitgeber des Landes, hat heute etwa 40 000 Beschäftigte. Die Entwicklung von São Paulo brachte einem kleinen Teil der Bevölkerung Reichtum, Luxus und Macht, dem größten Teil jedoch Armut, Hunger und Elend. Die Gegensätze stoßen hart aufeinander.

Die Häuser der Reichen sind oft durch hohe Mauern, Wächter und Wachhunde gesichert. Besucher müssen sich ausweisen. Manche der bevorzugten Wohnviertel haben ihre eigenen Schulen, Geschäfte und Sportstätten. Dagegen herrscht in den Elendsvierteln, den **Favelas,** eine kaum vorstellbare Not. Obwohl die Einkommen in São Paulo die höchsten Brasiliens sind, sterben hier jährlich mehr als 5 000 Kinder, weil sie nicht genug zu essen haben.

Die Favelados, die Bewohner der Favelas, können die in der Stadt üblichen Mieten nicht zahlen. Dies gilt natürlich auch für die

▼2

Anteile der Stadregion São Paulo, bezogen auf Brasilien
Staatsfläche   etwa 0,1 %
Bevölkerung   etwa 10 %
Volkseinkommen   etwa 50 %
Industrieproduktion etwa 60 %

3▼

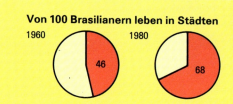

Von 100 Brasilianern leben in Städten
1960: 46
1980: 68

▲ 4 Im Zentrum von São Paulo

Favela am Stadtrand 5 ▲

zahlreichen Arbeitslosen, besonders für die neu zugewanderten. Viele Favelados sammeln Altpapier oder verrichten Transportarbeiten mit Handkarren. Andere haben eine unsichere Anstellung als Wächter, Fahrer und Straßenfeger oder als Wäscherin und Putzfrau in den Haushalten der Oberschicht. Aber auch Angehörige der Mittelschicht sind heute in den Favelas anzutreffen. Der Grund hierfür liegt in den hohen Mieten und überhaupt in den ständig steigenden Lebenshaltungskosten. Wer heute von dem staatlich festgesetzten Mindestlohn leben muß, kann sich z. B. weniger Grundnahrungsmittel leisten als noch in den sechziger Jahren. Zur Schule gehen die meisten Kinder nur, weil sie dort ein gekochtes Ei und einen Becher heißen Kakao erhalten – ihre einzige regelmäßige Mahlzeit.

Ständig leben die Favelados in der Furcht, vertrieben zu werden, wenn der Grund und Boden für eine neue Straße oder andere Bauprojekte gebraucht wird. Pater Almiro, der selbst in einer Favela São Paulos lebt, berichtet: „Die milde Art der Räumung besteht darin, die Bewohner zum Auszug zu überreden und Zuzüge zu verhindern. Zum Abbruch einer Favela an der Straße von São Paulo nach Santos schickte die Stadtverwaltung die Bulldozer und Lastwagen jedoch ohne Vorwarnung. Zuerst hob man die Dächer ab. Wenn niemand zu Hause war, wurden die Hütten und Bretterbuden eingeebnet."

1 Begründe das rasche Wachstum von São Paulo. Denke dabei an den Gegensatz von Stadt und Land.

2 Nenne einige Probleme der Verstädterung.

3 Ein krasser Gegensatz zwischen Arm und Reich prägt das Leben in São Paulo. Belege dies anhand der Texte und Bilder.

4 Stelle Merkmale der Favela heraus.

5 Brasilien kennt keine Rassenprobleme. In den Favelas leben aber besonders viele dunkelhäutige Menschen. Gib eine Erklärung.

6 ▼

Favela – das Leben in Armut

Carolina Maria de Jesus, Bewohnerin einer Favela, schreibt in ihrem berühmten „Tagebuch der Armut": „Ich teile São Paulo folgendermaßen ein: Der Palast als Sitz der Regierung des Bundesstaates ist der Salon. Das Rathaus ist das Eßzimmer, und die Stadt ist der Garten. Und die Favela ist der Hinterhof, wo man den Abfall hinwirft. Wenn ich in die Stadt gehe, habe ich den Eindruck, im Paradies zu sein. Ich finde es wunderbar, die gutgekleideten Frauen und Kinder zu sehen – so anders als in der Favela. Die Häuser mit Blumentöpfen und die vielen Farben! Diese Bilder werden die Besucher São Paulos begeistern, die nicht wissen, daß die Stadt krank ist. Sie hat Geschwüre – die Favelas." (1)

▲1 Brasília 2▼ 3▼

Brasília und seine Satellitenstädte

0 5 10 km

- moderne, geplante Stadt
- Satellitenstädte, weitgehend ungeplant
- wichtigste Straßen

Brasília — Hauptstadt nach Plan

- Geschäfte, kulturelles Zentrum
- Regierungs- u. Botschaftsgebäude
- öffentliche Einrichtungen, Behörde
- Industrie- und Gewerbefläche
- zentrale Wohnblocks (Quadras)
- offene Wohnbebauung (Villen, Reihenhäuser)
- Sport- und Erholungsbereich
- Savannenwald (Campos Cerra)

▼4 Brasília, Regierungsviertel

Brasília, Wohnviertel 5▼

Brasília: Hauptstadt nach Plan

Erinnern wir uns: Schon einmal in der Geschichte Brasiliens war die Hauptstadt verlegt worden. Seit 1960 ist Brasília Sitz der brasilianischen Regierung. Die neue Hauptstadt liegt tausend Kilometer von der Küste entfernt. Welche Gründe gab es nun für diese Verlagerung?
Schon im 18. Jahrhundert hatte man überlegt, die Hauptstadt als das „Herz" Brasiliens ins Innere des riesigen Landes zu legen. 1891 wurde diese Forderung sogar in die Verfassung aufgenommen.
Lange Zeit blieb es still um diese Pläne. Dann brachen Expeditionen ins brasilianische Hochland auf, um einen geeigneten Standort für die zukünftige Hauptstadt zu suchen. Doch erst 1956 konnte mit dem Bau begonnen werden. Da Straßen und Eisenbahnen zunächst fehlten, mußte man das Baumaterial einfliegen.

Zur Architektur Brasílias

Der Grundriß der neuen Hauptstadt wird oft mit einem Kreuz oder mit einem Flugzeug verglichen. Auf jeden Fall wollten die Planer damit auch die Aufbruchsstimmung bei der Verlegung des Regierungssitzes ausdrücken. Brasília ist eine „autogerechte" Stadt – kreuzungsfrei, fast ohne Ampeln. Mit südländischem Temperament wurden Kurven, Steigungen und Überführungen gebaut. An Fußgänger war überhaupt nicht gedacht worden. Sie mußten sich die Stadt erst später erobern. Man sieht es an den Trampelpfaden durch die Rasenflächen.

1 Nenne Gründe für die Verlegung der Hauptstadt Brasiliens von Rio de Janeiro nach Brasília.

Die Satellitenstädte

Während Brasília errichtet wurde, wohnten die Bauarbeiter ringsum in Siedlungen, die eines Tages wieder verschwinden sollten. Doch diese meist aus Hütten bestehenden Siedlungen blieben, wuchsen und wurden Städte mit mehreren zehntausend Einwohnern. Sie breiteten sich unbekümmert in der Landschaft aus – ganz im Gegensatz zu der „Hauptstadt vom Reißbrett". Hier findet sich alles, was in Brasília selbst fehlt: gemütliche Ecken und Winkel, Leben, Farben und Unordnung, jedoch keine Armut wie in den Favelas. In Brasília wohnen einschließlich der vielen **Satellitenstädte** über eine Million Menschen.

Ein Regierungsbeamter

„Bis heute tut sich Brasília schwer, ein echtes hauptstädtisches Leben hervorzubringen. Viele Regierungsbeamte und Diplomaten halten sich am Wochenende lieber an der Küste als in der Hauptstadt auf. In Rio — so heißt es — lebt man, in São Paulo macht man Geschäfte, und in Brasília fühlt man sich verbannt. Ob Brasília ein Mißerfolg wird? Schwer zu sagen — es ist ein Projekt von Jahrzehnten, nicht von Jahren."

2 Vergleiche die Lage von Brasília mit der Lage anderer großer Städte in Brasilien. Nimm hierzu Abb. 1 auf Seite 10 zu Hilfe.

3 Beschreibe Aussehen und räumliche Gliederung von Brasília. Berichte auch über die Probleme der neuen Hauptstadt.

4 Wo könnte das Hinweisschild (Abb. 6) stehen?

Gesamtlänge aller brasilianischen Straßen	
1930	113 000 km
1940	258 000 km
1964	549 000 km
1980	1 270 000 km

Amazonien — Erschließung und Gefährdung

Im Jahre 1957 sagte der damalige Staatspräsident von Brasilien: „Unsere Bevölkerung wächst unaufhörlich. Wir müssen unser Land erobern, nach Westen marschieren, dem Meer den Rücken kehren. Es gilt, die großen und menschenleeren Urwaldgebiete Amazoniens zu erschließen!"

1966 begann die „Operation Amazonien", der „Aufbruch zur letzten Grenze", das größte und teuerste Neulanderschließungsprojekt der Gegenwart.

Früher wurden in Amazonien nur die Dammufer und die regelmäßig überfluteten, 10–100 km breiten Flußauen genutzt. Auf den nährstoffreichen Schwemmböden dieser Varzea-Zone (Abb. 1) betreiben Kleinbauern intensiven Ackerbau und Viehzucht. Diese Gebiete nehmen jedoch nur etwa 1,5 % der Gesamtfläche Amazoniens ein.

Nun sollte das ganze riesige Regenwaldgebiet kolonisiert werden. Die eigentliche Erschließung Amazoniens begann mit einem umfangreichen Straßenbauprogramm. Das bekannteste Beispiel ist die **Transamazônica**.

1 Welche Ziele wurden mit dem Bau der Transamazônica verfolgt?

2 Beschreibe Schwierigkeiten beim Straßenbau im Tropischen Regenwald.

3 Notiere einige Flüsse, Städte und Straßen in Amazonien (Abb. 3).

Die Eroberung der „Grünen Hölle"

„Die Transamazônica ist das bisher größte Straßenbauprojekt Südamerikas. 1970 wurde mit dem Bau dieser etwa 5 600 km langen Urwaldstraße begonnen. 500 Ingenieure und Zehntausende von Arbeitern und Soldaten haben die Straße fertiggestellt. Zunächst zogen Vermessungstrupps durch die feuchtheiße, malariaverseuchte Wildnis und steckten eine 70 m breite Schneise ab. Die Trasse wurde so verlegt, daß sie die Endpunkte der Flußschiffahrt an den südlichen Amazonaszuflüssen verbindet. Sodann wurde diese Schneise an verschiedenen Stellen gleichzeitig mit modernsten Maschinen abgeholzt. Ein 40 m breiter Mittelstreifen wurde vollkommen gerodet, gereinigt und geebnet. Dadurch gelang es, das Straßengelände trotz der hohen Urwaldbäume schattenfrei und damit trocken zu halten. So sollte auch verhindert werden, daß der Wald die Straße wieder überwuchert. Mitten in den 40-Meter-Streifen verlegte man die bis zu 10 m breite Fahrbahn. Aus den gefällten Harthölzern baute man zahllose Brücken. (Auf Flüssen, die breiter als 100 m sind, mußten zunächst Fähren verwendet werden.) Die Regenzeiten zwangen zu unfreiwilligen Pausen. Bei Niederschlägen bis zu 600 mm im Monat versanken die Baumaschinen im Schlamm. Die neuen Streckenabschnitte verwandelten sich immer wieder in unpassierbare Sümpfe. Flüsse, die sonst nur 60 m breit sind, schwollen auf über 200 m an. Arbeitsunfälle und Krankheiten waren an der Tagesordnung. Immer wieder gab es Auseinandersetzungen mit der indianischen Urbevölkerung." (2)

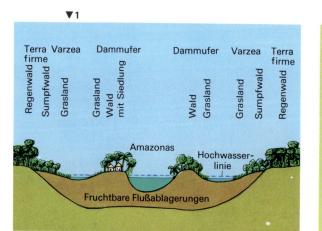

▼1

Die Transamazônica heute
(aus einem Reiseführer)

„Auf den ersten 1000 km bis Itaituba nur zwei Tankstellen, und auch hier geht manchmal das Benzin aus. Kaum Reparaturwerkstätten. Kaum Restaurants. Fast keine Hotels. Der Hauptverkehr spielt sich nach wie vor per Fluß ab. Verzögerungen wegen eingerissener Brücken und Schlammstrecken möglich! Das Teilstück Itaituba nach Humaita ist in der Regenzeit (Dezember bis Mai) nur für Jeeps, Landrovers und schwere Lkws befahrbar — wenn überhaupt! Die Pistenoberfläche wird dann, vor allem an Steigungen, glatt wie Schmierseife!" (3)

2▼

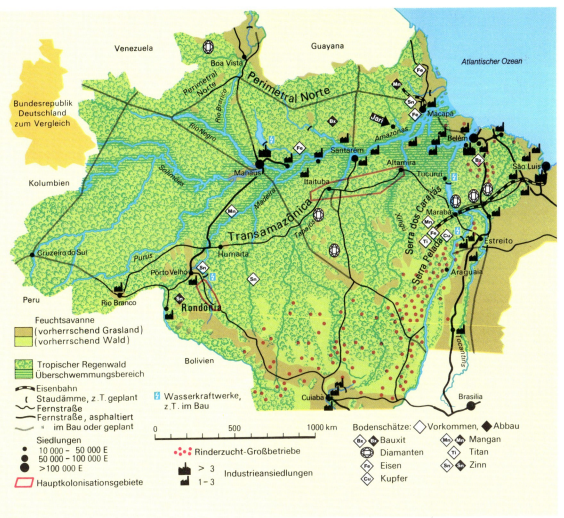

Erschließung von Amazonien 3

4 Bau der Transamazônica

Straße in Amazonien 5

▲ 6 Agrovila   Das Projekt Altamira 7 ▼

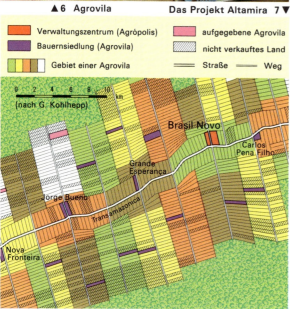

▼ 8 Transamazônica bei Altamira

Agrarkolonisation nach Plan

Der trockene Nordosten Brasiliens ist das „Armenhaus des Landes". Viele Menschen finden dort nicht einmal mehr das Existenzminimum. Eine verheerende Dürrekatastrophe zu Ende der 60er Jahre verschlechterte ihre Situation noch mehr. Die Regierung versprach daher „Land für Menschen ohne Land in einem Land ohne Menschen" bereitzustellen. Damit begann die staatlich gelenkte Besiedlung Amazoniens. Im Mittelpunkt dieser Agrar-Kolonisation stand das Projekt Altamira (Abb. 7).

Die Bewohner des Nordostens wurden bevorzugt als Kolonisten angeworben. Ursprünglich war beabsichtigt, bis 1980 etwa eine Million Kleinbauern, Tagelöhner und Landarbeiter entlang der Transamazônica anzusiedeln.

Die staatliche Erschließungsbehörde INCRA stellte zu beiden Seiten der neuen Straße 10 km breite Streifen zur Verfügung. Jede Familie erhielt ein Haus, 100 ha Land, Saatgut für die erste Feldbestellung, einfache Arbeitsgeräte und staatliche Kredite bis zur ersten Ernte. Von dem zugeteilten Land durfte jeweils nur die Hälfte gerodet werden. Neben einzelnen Hütten beiderseits der Transamazônica wurden Mittelpunktsiedlungen errichtet. Jede dieser Agrovilas sollte 48 bis 64 Familien aufnehmen und mit den wichtigsten Einrichtungen für die Versorgung der Kolonisten ausgestattet werden.

4 Werte die Abbildungen 6 und 7 aus.

5 Vergleiche Planung und Wirklichkeit der Agrarkolonisation in Amazonien. Berücksichtige den Text sowie die Abbildungen.

6 Im nachstehenden Kasten sind nicht alle Gründe für die Mißerfolge genannt. Ergänze.

> **Gründe für den Mißerfolg der Agrarkolonisation**
> - Keine genossenschaftliche Organisation;
> - keine Absatzmärkte für Mais, Bohnen, Reis und Maniok;
> - Tropenkrankheiten (Malaria) und schlechte medizinische Versorgung;
> - zu wenig Beratung und Unterstützung durch den Staat.

Altamira — Siedler ohne Hoffnung?

„Das Zauberwort in Amazonien heißt *Desmatamento* — Entwaldung. Auf dem Flug von Manaus nach Tucurui begreife ich die Wahrheit, die sich hinter diesem Wort verbirgt. Welch harmlose Übersetzung!

Aus dem Gewölbe der Baumkronen sind glatte Rechtecke herausgeschnitten. Sie leuchten wie frische Narben. *Roca* heißen diese Flecken, auf denen einmal Wald stand und nun Unkraut wächst. Auf den Rodungen sprießt weder fettes Gesträuch noch breitblättriges Buschwerk, weder Maniok noch Reis oder Bohnen. Zwischen dem Gestrüpp scheint der weißgraue Sand herauf. Kein Mensch, kein Tier. Hütten mit eingefallenen Dächern.

Als wir die Transamazônica überfliegen, mischen sich Felder zwischen die wunden Stellen: Mais, Kakao, Zuckerrohr. Immer karger wird der Urwald, immer ausgefranster, durchlöcherter. Rinder grasen neben Baumstümpfen. Sie bahnen sich einen Weg durch den Sekundärwald. Aus einer Hütte steigt Rauch auf, endlich ein Zeichen menschlichen Lebens.

Mein Ziel ist Altamira an der Transamazônica. Es wird eine Fahrt durch eine gescheiterte Utopie. Die Straße, ein roter Strich im Wald. Die Siedler sind freundlich. Sie hausen in Hütten, in denen ich nicht einmal begraben sein möchte. „Drei Häuser, das kleinste ist der Hof von Albecy Alves. Er weiß weder, wieviel Hektar Land er bebaut, noch wieviel er darauf verdient. Er weiß nur, daß er lebt. Er pflanzt Mais, Bohnen und Maniok. Er fällte wochenlang Bäume, bis er dachte, die *Roca* sei groß genug. Er legte Feuer. So entstand sein erstes Feld. Er wußte nicht, ob der Boden gut war. Fünf Jahre zahlte er den Kaufpreis für sein Land ab, denn der Staat wollte Geld für den Besitztitel. Jetzt ist er *Colono*, Kleinbauer. Andere gaben auf und zogen wieder fort; wohin, weiß er nicht.

Alle zehn oder zwanzig Kilometer drängen sich ein paar Hütten zusammen. Manche sind verlassen, dort holt sich der Wald sein ursprüngliches Gebiet zurück. Früher hatten die Menschen noch Hoffnung. Sie richteten sich in ihren neuen Wohnorten wie im Gelobten Land ein. Ihre Dörfer tauften sie *Nova Jerusalem* oder einfach nur *Gute Erde*. Die Erde war nicht gesegnet, nach zwei Jahren war sie ausgelaugt. Wieder mußten sie Wald roden, wieder reichte der Asche-Dünger nur für zwei Ernten, so fiel immer mehr Wald ihrer Not zum Opfer." (4)

Der Erfolg dieser Agrarkolonisation blieb aus. Statt der erwarteten Million kamen nur knapp 10 000 Siedlerfamilien. Weniger als ein Drittel davon stammte aus dem Nordosten. In manchen Gebieten wanderten die Kolonisten bald wieder ab. Viele Agrovilas verfielen. Die Felder verwilderten. Wer heute neu siedeln möchte, erhält keine staatliche Hilfe mehr. Schon manche Siedler sind von Großgrundbesitzern vertrieben worden.

Rondônia — ein Projekt mit Zukunft

„Heute liegt der Schwerpunkt der kleinbäuerlichen Agrarkolonisation in *Rondônia,* einem Bundesstaat im Südwesten des Amazonasgebietes (Karte S. 17). Dort ist die Bodenqualität besser. Die Regierung verteilt Urwald in 50 ha großen Parzellen an die Kolonisten. Diese stammen vor allem aus dem Süden und Südosten des Landes. Bis heute sind etwa 40 000—50 000 Familien angesiedelt worden. Sie haben sich vor allem auf den Anbau von Dauerkulturen wie Kakao, Kaffee und Zuckerrohr spezialisiert. Doch schon zeigen sich auch hier die Gefahren der Monokultur: Schädlinge und Pflanzenkrankheiten breiten sich rasch aus."

Kaffee-Ernte in Rondônia 9 ▼

▲ 1 Fazenda am Cristalino

Holz aus Amazonien

„Immer wieder haben Großunternehmen versucht, den Holzreichtum der Regenwälder zu nutzen. An der Mündung des Jari in den Amazonas kaufte 1967 ein Amerikaner Land von der Größe Schleswig-Holsteins (15 720 km²). Er ließ Reisfelder und Weiden für Rinder und Wasserbüffel anlegen. 1 000 km² wurden nach der Rodung mit schnell wachsenden Bäumen bepflanzt. Ihr Holz sollte zu Zellulose verarbeitet werden. Aus Zellulose wird Papier gemacht. Der Unternehmer ließ sogar eine fertige Zellulosefabrik von Japan um das Kap der Guten Hoffnung bis an den Jari schleppen. Heute leben in dem einst nur dünn besiedelten Gebiet 50 000 Menschen. Doch der Fabrikbesitzer hat sich inzwischen mit einem Verlust von über 1 Milliarde Dollar aus dem Projekt Jari zurückgezogen. Die Firma wurde vom brasilianischen Staat übernommen und an einheimische Privatunternehmer verkauft."

Rindfleisch aus dem Urwald

„Rund um die Uhr fressen sich Bagger und Planierraupen in den Regenwald. Die großen Viehzuchtbetriebe lassen den Wald roden. Jahr für Jahr verwandeln sich in der Trockenzeit riesige Gebiete in ein Flammenmeer. Sind die verkohlten Baumreste weggeräumt, dann werden Grassamen aus dem Flugzeug eingesät. Diese Weidewirtschaft erfordert viel Platz. Die Besitzgrößen der Betriebe liegen daher zwischen 10 000 und mehreren 100 000 ha Land, von denen jeweils höchstens die Hälfte gerodet werden darf. Pro Rind benötigt man 1,5 ha Weideland.
Die Fazenda Cristalino, die Rinderfarm von *VW do Brasil*, gilt als Musterbetrieb. Sie hat fast 400 000 ha und derzeit rund 45 000 Rinder. Der Computer bestimmt, auf welcher der eingezäunten Weiden wie viele Rinder wie lange grasen dürfen. Sogar die Düngung der Böden ist exakt festgelegt. Nur 70 km von *Cristalino* entfernt, hat VW mit anderen Unternehmen das modernste und größte Schlachthaus Amazoniens gebaut."

Die Zukunft Amazoniens — Chance und Risiko

Zellulosefabrik auf der Fahrt zum Jari 2 ▼

Strom aus dem Regenwald

„Reiches armes Brasilien. In der Erde ruhen viele Schätze: Eisen, Mangan, Kupfer, Bauxit, Nickel, Gold und Diamanten. Doch kaum Erdöl.
Vor allem aber besitzt das Land unermeßliche Wasserkräfte. Manche Planer stellen sich die Zukunft so vor: Amazonien gleicht einer Landschaft aus Stauseen, Dämmen, Transformatoren und Hochspannungsleitungen. Schon jetzt entstehen Stauseen in Urwaldgebieten. Sie verdrängen Siedler und Indianer. Sie nehmen keine Rücksicht auf die Tierwelt. ‚Sollen die Leute denn im Dunkeln sitzen?' fragen die Planer . . .
Allein am Tocantins sollen 8 große und 19 kleine Stauseen entstehen. Bei Tucurui wird der mächtigste Staudamm Brasiliens errichtet: 80 m hoch und mehr als 1 000 m breit. Das Kraftwerk soll 4 000 Megawatt liefern. Der Stausee hat die vierfache Größe des Bodensees!"

Goldsucher am Rio Branco

„Etwa 8 000 Yanomami-Indianer siedeln im Gebirgsland zwischen Rio Branco und Rio Negro. Sie sind immer mehr von Gold- und Diamantensuchern, Bergbaugesellschaften und Bauern auf der Suche nach fruchtbarem Land bedroht. Ohne Maßnahmen der Regierung haben sie keine Überlebenschance. Fast die Hälfte der Indianer ist noch nie mit Weißen in Berührung gekommen. Eine Gefahr für ihre Kultur war schon der Bau der ‚Perimetral Norte', die mitten durch ihr Stammgebiet führt. Siedler und Abenteurer, die in dieser Gegend ihr Glück suchen, sehen die Indianer als Hindernis für ihre Projekte. Sie könnten die Ausbeutung der hier vermuteten Vorkommen von Uran und Edelsteinen stören."

▲3 Gerodete Waldfläche

Das Klima verändert sich

Jahr für Jahr verschwinden in Amazonien mindestens 100 000 km² Urwald. Das Sägen und Brennen wird aber noch lange nicht aufhören. Einige Teile im Osten Amazoniens wurden 1983 zum Katastrophengebiet erklärt, weil in der Regenzeit kaum Niederschlag gefallen war. Wissenschaftler ahnen, warum: Drei Viertel des Waldes wurden hier nämlich gerodet!

Welcher Weg in die Zukunft ist richtig?

Die „Eroberung Amazoniens" durch Kleinbauern brachte nicht den gewünschten Erfolg. Deshalb fördert der brasilianische Staat die Ansiedlung von Großunternehmen. Viele bezeichnen das als „Ausverkauf" der Reichtümer Brasiliens und warnen vor den Schäden durch Rodung des Urwaldes. Andere wiederum meinen, nur mit Hilfe von Großprojekten lasse sich Amazonien erschließen …

Viele Landeskenner und Politiker warnen vor einer Überschätzung der Entwicklungsmöglichkeiten. Ein bekannter Geograph schreibt: „Das Amazonasgebiet eignet sich aufgrund der natürlichen Gegebenheiten weder für eine Massenbesiedlung durch Kleinbauern noch für eine Rinderweidewirtschaft. Die einzige, auch langfristig erfolgsträchtige Landnutzung wird die an den Naturhaushalt angepaßte kleinräumige agrarwirtschaftliche Bodennutzung sein."

Bodenschätze aus der „Grünen Hölle"

„Am Tocantins, nicht weit von der Einmündung des Araguaia entfernt, liegt Marabá. Hier soll das industrielle Zentrum im Osten Amazoniens aus dem Boden gestampft werden. Eine halbe Tagesreise entfernt, in der Serra dos Carajás, liegen 10 Milliarden Tonnen hochwertiges Eisenerz. Es ist das größte Vorkommen der Welt!

Gesegnetes Amazonien! Aus 4 000 km² Wildnis entsteht das „Ruhrgebiet" der brasilianischen Tropen. Schon raucht der Urwald. Bald werden 12 Güterzüge pro Tag mit je 160 Waggons voller Eisenerz zum Hafen São Luis rollen — 900 km von Carajás entfernt. Den Strom liefert das neue Kraftwerk von Tucurui. Schon macht der Urwald Platz für Städte, Fabrikanlagen und Plantagen.

Ein anderes Großprojekt ist in der Serra Pelada angelaufen. 1980 stieß ein Goldsucher bei Maraba, in der Nähe der Transamazônica, auf ein Nugget von 17 kg Gewicht. Ein Jahr später fand ein anderer einen Goldklumpen von 37 kg! Die Hoffnung auf ähnliches Glück treibt immer mehr Menschen hierher. Inzwischen sind hier die Maschinen eines Großunternehmers im Einsatz."

Erschließung von Eisenerz in der Serra dos Carajás 4▼

Die Pampa — vor hundert Jahren und heute
Beispiel Argentinien

1860 Hermann Burmeister bereiste die Pampa in den Jahren 1857—1860. Er schrieb: „Wenn man die letzten Lehmhütten der Stadt Rosario hinter sich hat, gelangt man schon auf die Pampa. Man sieht eine endlose Ebene vor sich, deren Boden mit einem feinen, kniehohen Gras bedeckt ist. Der weite Horizont verschwimmt in violetter Bläue. Auf dieser einförmigen Ebene fährt man eine Stunde nach der anderen, einen Tag wie den anderen und hat keine Abwechslung darin zu erwarten als etwa eine weidende Viehherde, ein aufgescheuchtes Wild, einen Ochsenkarrenzug, ein Bauerngehöft oder einen kleinen See. Das Pampagebiet hat keine Zukunft. Es wird bleiben, was es von Anfang an war und noch heute ist, ein ödes Land, das nur für wilde Indianer oder, wenn diese ganz zugrunde gehen sollten, für große Viehherden Raum und Nahrung gewährt."

Heute Wie würde Burmeister staunen, wenn er die Pampa heute sehen könnte! Da gibt es
● Straßen, Eisenbahnen und Flugplätze,
● Schlachthäuser und Silos,
● Stacheldrahtzäune, viele tausend Kilometer lang,
● Windmotore, die das Wasser aus der Tiefe pumpen,
● Mangas, in denen die Rinder sortiert, markiert, desinfiziert und geimpft werden,
● sogar „Kunstweiden", die mit Luzerne bestellt sind, und Weizenfelder ...

Wie ist es zu dieser erstaunlichen „Umwertung" gekommen?

Erster Grund: das Klima. Das Klima der Pampa ist günstig für die Viehwirtschaft. Man braucht nicht einmal Ställe!

1 *Beschreibe und erkläre das Klima der Pampa am Klimadiagramm von Buenos Aires. Vergleiche mit den Klimadaten von Kiel.*

Kiel, 47 m

	J	F	M	A	M	J	J	A	S	O	N	D	Jahr
°C	0	0	2	6	11	14	16	15	13	8	4	1	8
mm	58	45	48	48	45	55	74	85	63	68	62	66	717

2 *Je weiter man in der Pampa nach Westen kommt, desto mehr Weideland braucht man, um ein Rind zu ernähren. Begründe diese Tatsache mit Hilfe der Klimadiagramme von Buenos Aires und San Luis.*

▼1 Rinder in der Manga   Im Schlachthaus 2▼

Zweiter Grund: die Nachfrage nach Fleisch.
Mitte des 19. Jahrhunderts begann das Industriezeitalter. In Europa und in Nordamerika wuchsen die Industriestädte, und mit der städtischen Bevölkerung wuchs der Bedarf an Nahrungsmitteln. Die Pampa hätte Fleisch liefern können. Aber man konnte das Fleisch nicht über so weite Strecken transportieren, schon gar nicht durch die Tropen. Es wäre verdorben.

Dritter Grund: die Haltbarmachung des Fleisches. 1877 gelang die Konservierung des Fleisches durch Kälte. Der Dampfer „Le Frigorifique" brachte die erste Ladung Gefrierfleisch von Buenos Aires nach Rouen in Frankreich. Damit war der Bann gebrochen. Seitdem wird Fleisch in gefrorenem Zustand über die Weltmeere transportiert: von den Produzenten auf der Südhalbkugel zu den Konsumenten auf der Nordhalbkugel. 1880 bis 1910 folgte der Ausbau des Eisenbahnnetzes in der Pampa. In den Häfen wurden die großen Schlachthäuser errichtet. Meist waren Engländer die Unternehmer und Geldgeber.

Heute liefert die Pampa nicht nur Fleisch, sondern auch **Weizen**. Noch einmal suchen wir nach Gründen.

Erster Grund: das Klima.

3 In einem Teil der Pampa ist das Klima günstig für den Getreide-Anbau.
Versuche eine Erklärung mit Hilfe der Karte und der beiden Klimadiagramme.

Zweiter Grund: die Nachfrage nach Weizen in den Industrieländern.

Dritter Grund: die europäischen Einwanderer, die in den Jahren 1860–1930 zu Tausenden ins Land kamen. Sie hatten nicht genug Geld, um Estancien zu kaufen. Sie kauften oder pachteten kleinere Flächen und nutzten sie ackerbaulich. Für eine lohnende Viehwirtschaft hätten sie viel größere Flächen gebraucht.

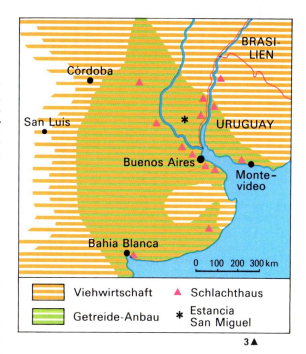

3 ▲

Vierter Grund: der Ausbau der Eisenbahnen. Die Eisenbahnen ermöglichten den Transport des Weizens zu den Exporthäfen.

Achtung: Die Klimadiagramme beginnen mit dem Monat Juli. Argentinien liegt auf der Südhalbkugel!

4 ▼

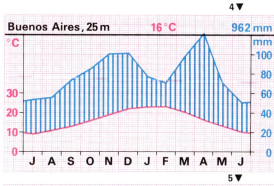

5 ▼

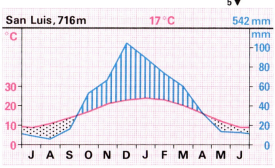

Die Estancia San Miguel in Argentinien

,,An einem Julitag, also im argentinischen Winter, fliegen wir von Buenos Aires nach Norden. Wir wollen eine Estancia besichtigen, die Estancia San Miguel von Ralf Walter. Sie liegt 180 km von Buenos Aires entfernt.

Die Estancia San Miguel ist 3 150 ha groß. Hinzugekauft sind weitere 3 800 ha in der Nähe. Eine breite Allee führt zum Herrenhaus, das in einem herrlichen Park liegt. Das Herrenhaus ist ein weißgestrichener einstöckiger Bau mit sechs komfortabel eingerichteten Räumen.

Hier wohnt Ralf Walter mit seiner Familie. Seine Vorfahren stammen aus Deutschland und der Schweiz; sie sind vor hundert Jahren eingewandert. Daher der deutsche Name.

Señor Walter ist Mitbesitzer und Leiter der Estancia. Früher war er nur Verwalter. Ihm ist es also gelungen, aus der Schicht der Angestellten in die Schicht der Besitzer, der Estancieros, aufzusteigen. Das ist sehr schwierig, denn der Kauf einer Estancia erfordert viel Kapital. Zum Glück hatten die Eigentümer der Estancia San Miguel kein Interesse an der Landwirtschaft, und sie waren bereit, Señor Walter zu beteiligen.

Señor Walter und einer seiner Söhne sind selbst in dem Betrieb tätig. Deshalb wohnt auch die Familie meist auf dem Land — im Gegensatz zu vielen anderen Estanciero-Familien, die in den großen Städten wohnen. Auch Señor Walter besitzt ein Haus in der Stadt. Er hat es gekauft, um mit seiner Familie hin und wieder am geselligen Leben der Stadt teilnehmen zu können, um den Kindern eine gute Schulbildung zu ermöglichen und um in der Stadt den Viehverkauf und andere Geschäfte erledigen zu können." (5)

[1] *Bei uns in der Bundesrepublik Deutschland ist ein Bauernhof mit 50 ha schon ein ziemlich großer Betrieb.*
Vergleiche damit die Fläche der Estancia San Miguel (3 150 ha)

[2] *Diesen Größenvergleich kann man auch zeichnerisch darstellen.*

[3] *Informiere dich über die Lage der Estancia: In welchem Staat und auf welcher geographischen Breite liegt sie? Zu welcher Klimazone gehört sie? (Klimakarte der Erde im Buch vorne.)*

[4] *Wie werden die Gebäude und die Wirtschaftsflächen des Betriebes genutzt?*

[5] *Was erfährst du über die Versorgung der Menschen, die auf der Estancia arbeiten?*

[6] *Auf der rechten Seite oben sind die Menschen, die auf der Estancia leben und arbeiten, aufgezeichnet. Beschreibe diese soziale Gliederung.*

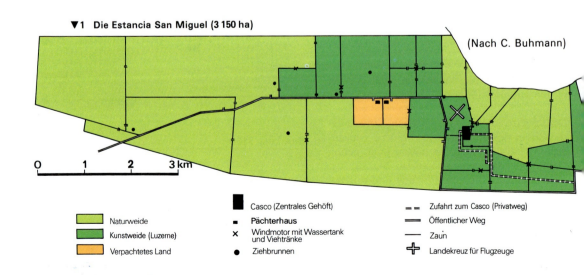

▼1 Die Estancia San Miguel (3 150 ha) (Nach C. Buhmann)

- Naturweide
- Kunstweide (Luzerne)
- Verpachtetes Land
- Casco (Zentrales Gehöft)
- Pächterhaus
- × Windmotor mit Wassertank und Viehtränke
- ● Ziehbrunnen
- = = Zufahrt zum Casco (Privatweg)
- — Öffentlicher Weg
- — Zaun
- ✛ Landekreuz für Flugzeuge

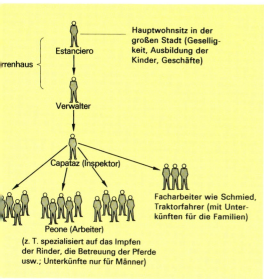

▲2 Die Menschen auf einer Estancia

Zu welcher Gruppe könnte dieser Mann gehören? 3▲

▼4 Der Casco der Estancia (in einem größeren Maßstab)

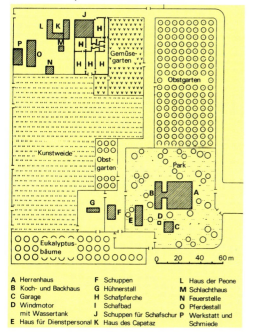

A Herrenhaus
B Koch- und Backhaus
C Garage
D Windmotor mit Wassertank
E Haus für Dienstpersonal
F Schuppen
G Hühnerstall
H Schafpferche
I Schafbad
J Schuppen für Schafschur
K Haus des Capataz
L Haus der Peone
M Schlachthaus
N Feuerstelle
O Pferdestall
P Werkstatt und Schmiede

Da Senõr Walter selbst den Betrieb leitet, braucht er keinen Verwalter. Um so wichtiger ist der Capataz, der Inspektor. Zu seinen Aufgaben gehören die Aufsicht über das Personal und die tägliche Arbeitseinteilung.
Der Arbeitstag der Peone (Arbeiter) beginnt mit Sonnenaufgang und endet mit Sonnenuntergang. Die Mittagspause dauert im Winter eineinhalb Stunden und während des heißen Sommers vier Stunden. Die Peone betreuen das Vieh:
1 500 Kühe, 1 000 Mastochsen, 100 Zuchtbullen, 200 Pferde und 2 100 Schafe auf 6 950 ha. Jede Woche werden für das Personal ein Rind und mehrere Schafe geschlachtet.
In dem Arbeiterhaus wohnen immer mehrere Peone in einem Zimmer. Eine rußgeschwärzte Küche dient ihnen als Aufenthaltsraum. Die Frauen und Kinder der Peone leben in armseligen Hütten am Rande der nächsten Stadt. Neben einem Lohn von umgerechnet 170 DM im Monat erhält der Peon vom Estanciero für seine Frau und für jedes Kind 20 bis 25 DM.
Der Schmied und der Traktorfahrer, also die Facharbeiter, verdienen mehr. Sie haben auch den Vorteil, daß sie mit ihren Familien auf der Estancia wohnen dürfen.
Der Betrieb ist nur auf Viehhaltung ausgerichtet, er ist monostrukturiert.

Mittelamerika — Wirtschaftsregion und Krisenzone

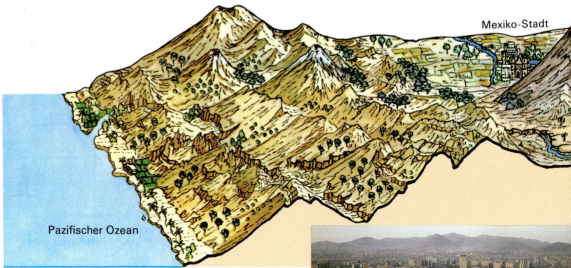

▲ 1 Querschnitt durch Mexiko

Mexiko-Stadt 2 ▲

Landbrücke von Kontinent zu Kontinent

Mittelamerika bildet die **Landbrücke** zwischen den Kontinenten Nord- und Südamerika. Es umfaßt Mexiko und die sieben südlich anschließenden **Kleinstaaten Zentralamerikas.** Ferner gehören auch die Inseln im Karibischen Meer zu Mittelamerika.
In einem Buch aus dem Jahre 1954 wird die Landbrücke zwischen Nord- und Südamerika wie folgt beschrieben:

„Eines der interessantesten tropischen Gebiete unserer Erde ist jener Isthmus, der wie eine gigantische Brücke die beiden Kontinente der Neuen Welt miteinander verbindet, ein reich zerklüftetes Bergland, das teilweise durch weite undurchdringliche Regenwälder unterbrochen ist, und in das sich eine Handvoll kleiner Staaten teilen. Nicht weniger interessant als das Amazonasgebiet sind die geheimnisvollen Urwälder in Guatemala, nicht weniger überrascht und ergriffen stehen wir vor den architektonisch und künstlerisch unübertroffenen Bauten der Maya als etwa vor den Inkastädten Perus, und nicht weniger haben die zwar kleinen, aber sich rein erhaltenen Stämme der Hochlandindianer Guatemalas ihre Sitten und Gebräuche, ihre Trachten und Tänze bewahrt wie die Indios des bolivianischen und peruanischen Altiplano. Tausendfach sind die Naturschönheiten dieser Länder Mittelamerikas, deren Gestade von zwei Weltmeeren bespült werden". (6)

Besonders die Kleinstaaten Zentralamerikas standen lange abseits des Weltgeschehens. Sie waren meist nur als Lieferanten von Bananen und Kaffee bekannt. Lediglich Naturkatastrophen wie verheerende Erdbeben und Vulkanausbrüche oder die Entdeckung alter indianischer Kulturen im tropischen Regenwald erregten für kurze Zeit die Aufmerksamkeit des Auslandes.

Wirtschaftsraum und Krisenzone

Heute geraten die Staaten der mittelamerikanischen Landbrücke immer häufiger in die Schlagzeilen der Weltpresse:
● Mexiko ist gegenwärtig, trotz Ölboom und Wirtschaftswachstum, eines der am stärksten verschuldeten Länder der Erde.
● Panama hat sich fast unbemerkt vom

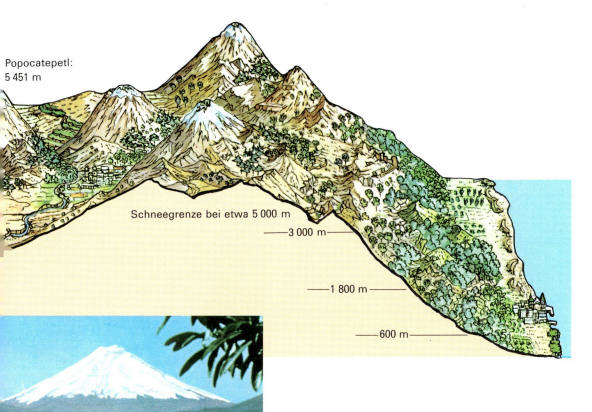

Popocatepetl: 5 451 m

Schneegrenze bei etwa 5 000 m
—3 000 m—
—1 800 m—
—600 m—

▲ 3 Der Popocatepetl, ein erloschener Vulkan

"Nadelöhr der Weltschiffahrt" zum internationalen Finanzzentrum entwickelt.
● Die Menschen in El Salvador, Nicaragua und Honduras leiden unter Bürgerkriegen und internationalen Konflikten.
● Selbst Costa Rica, die "Schweiz Zentralamerikas", befindet sich in einer tiefen wirtschaftlichen Krise.
Zusammenfassend läßt sich daher sagen:

"Zentralamerika, der ,Hinterhof der USA', hat in der weltweiten Bewertung einen Wandel erfahren. Einst ,Bananenrepubliken', haben sich die Staaten der zentralamerikanischen Landbrücke in jüngster Vergangenheit zu einem wirtschaftlichen Faktor und politischen Krisenherd internationalen Ranges entwickelt. Die Ursachen liegen in der wachsenden strategischen Bedeutung für den Weltverkehr und für die Ost-West-Auseinandersetzung." (7)

Mexiko — ein altes Kulturland mit vielen Problemen

Mexiko war ein Land alter indianischer Hochkultur. Es stand jahrhundertelang unter spanischer Kolonialherrschaft. Heute ist Mexiko bei weitem der bedeutendste Staat Mittelamerikas. Mit einer Fläche von fast zwei Millionen Quadratkilometern ist er fast achtmal so groß wie die Bundesrepublik Deutschland. Trockene Hochflächen und kahle Gebirge nehmen drei Viertel des Landes ein.

Mexiko hat in den vergangenen Jahrzehnten eindrucksvolle Aufbauleistungen in der Landwirtschaft, im Bergbau und bei der Industrialisierung vollbracht. Es ist dennoch wegen ungelöster wirtschaftlicher und sozialer Probleme und drückender Verschuldung gegenüber dem Ausland in eine schwere Krise geraten. Die ungleiche Besitzverteilung auf dem Lande und die zunehmende Verarmung breiter Bevölkerungsschichten zwingt immer mehr Menschen, in die **Elendsviertel** der Großstädte zu ziehen. Mexiko-Stadt ist eine der am schnellsten wachsenden Metropolen der Erde. Hier leben gegenwärtig etwa 16 der insgesamt 77 Millionen Einwohner des Landes. Bis zum Jahre 2000 wird ihre Zahl auf über 30 Millionen anwachsen!

Zentralamerika: Kleinstaaten ohne Hoffnung?

Die Staaten Zentralamerikas entstanden wie Mexiko erst nach dem Zerfall des spanischen Kolonialreiches. Im Gegensatz zu Mexiko und anderen Ländern Lateinamerikas hatten die Spanier hier nur kleine, weit auseinanderliegende Siedlungen gegründet. Aus diesen Keimzellen heraus entwickelten sich später selbständige Kleinstaaten. Innerhalb der Länder blieb der alte Gegensatz zwischen höher entwickelten, dicht besiedelten Kernräumen und den weiten Gebieten im Hinterland mit geringem Entwicklungsstand bis heute erhalten. Die wechselfeuchten Landesteile am Pazifischen Ozean wurden seit jeher gegenüber den immerfeuchten Niederungen des Osten bevorzugt.

Die Staaten Zentralamerikas sind noch immer vorwiegend agrarisch geprägt. Sie weisen relativ günstige natürliche Voraussetzungen für die Landwirtschaft auf. Von der tropischen Tieflandzone bis in die kühle Zone in 3000 m Höhe kann eine große Vielfalt an Kulturpflanzen angebaut werden. Dennoch haben alle Länder unter zahlreichen Problemen zu leiden. Mit der so wichtigen Landreform und der Alphabetisierung wurde, mit Ausnahme von Nicaragua, erst in Ansätzen begonnen. Infolge der geringen Bevölkerungszahl konnte kein florierender Binnenmarkt entstehen. Wegen fehlender mineralischer Rohstoffe und Energieträger, der unzureichenden Infrastruktur und dem niedrigen Einkommen breiter Volksschichten ist der Aufbau einer eigenen Industrie kaum lohnend. Die unsicheren und seit langem sinkenden Erlöse aus dem Export landwirtschaftlicher Produkte führen zu Kapitalmangel und zu einer rasch steigenden Verschuldung. So sind die Staaten Zentralamerikas in starke Abhängigkeit von ausländischen Staaten und internationalen Unternehmen geraten. Diese **Fremdbestimmung** ist heute ein bedeutendes Hindernis für eine eigenständige Entwicklung.

Um ihre gemeinsamen Interessen besser wahrnehmen zu können, strebten die Staaten Zentralamerikas immer wieder einen wirtschaftlichen Zusammenschluß an. So wollte man die begrenzten Rohstoffe besser nutzen und eine eigene Industrie aufbauen. Durch den Abbau der Zollgrenzen sollte ein „erweiterter Binnenmarkt" geschaffen und durch regionale Arbeitsteilung die Abhängigkeit vom Ausland und damit die Fremdbestimmung vermindert werden. In den 60er Jahren gelang dann auch die Bildung einer Wirtschaftsgemeinschaft. Bald stellten sich auch wirtschaftliche Erfolge ein.

Doch die einseitige Konzentration von Bevölkerung, Wirtschaft und politischer Macht in den Hauptstädten verstärkte das Entwicklungsgefälle zwischen Stadt und Land. Infolge der Exportorientierung im Agrarsektor wurden die überwiegend von der Selbstversorgung lebenden Menschen im ländlichen Raum vernachlässigt. So besteht heute überall ein Mangel an billigen Grundnahrungsmitteln. Nachteilig war ferner, daß die Zusammenarbeit zwischen den zentralamerikanischen Metropolen auf Kosten wichtiger Entwicklungsvorhaben im eigenen Land erfolgte. Die Folge waren Unzufriedenheit und **soziale Spannungen.** Innere Unruhen und Kriege zwischen einzelnen Mitgliedsstaaten führten schließlich zum Zerfall der Wirtschaftsgemeinschaft.

Bis heute haben sich also die Hoffnungen auf größere wirtschaftliche und soziale Fortschritte nicht erfüllt. Die Länder sind nach wie vor auf den Export landwirtschaftlicher Produkte angewiesen. Für die neugeschaffenen Industriebetriebe müssen Rohstoffe und Maschinen importiert werden. So bleibt die Abhängigkeit vom Ausland erhalten.

[1] *Mexiko steht mit seiner Erdölförderung an vierter Stelle in der Welt. Drei Viertel der Exporteinnahmen stammen aus dem Verkauf von Erdöl. Wodurch traten in den letzten Jahren Schwierigkeiten für die Wirtschaft des Landes auf?*

[2] *Werte Abbildung 4 aus. Welche Daten weisen darauf hin, daß diese Staaten zu den Entwicklungsländern gerechnet werden?*

[3] *Welche wirtschaftlichen Probleme bestehen in den zentralamerikanischen Staaten (siehe Text, Abb. 7 und 8)?*

	Costa Rica	El Salvador	Guatemala	Haiti	Honduras	Mexiko	Nicaragua
Fläche in 1000 km²	51	21	109	28	112	1973	130
Einwohner 1984 (in Mio.)	2,5	5,4	6,0	5,2	4,2	76,8	3,2
Einwohner der Hauptstadt (in Mio.)	San José 0,25	San Salvador 0,9	Guatemala-Stadt 1,3	Port-au-Prince 0,8	Tegucigalpa 0,53	Mexiko-Stadt 15,6	Managua 0,82
Bruttosozialprodukt je Einwohner 1983 in US-$	1 020	1 790	300	320	670	2 240	670
Erwerbstätige in der Landwirtschaft 1981 (in %)	29	50	25	66	62	35	39
Erwerbstätige in der Industrie 1980 (in %)	23	22	21	7	20	26	14
Analphabeten 1980 (in %)	10	38	68	77	40	17	10
Lebenserwartung in Jahren (1982)	74	64	60	54	60	65	58

▲ 4 Strukturdaten ausgewählter Staaten Mittelamerikas

Bananen aus Honduras

Eine wichtige Frucht der feuchtheißen Küstentiefländer Mittelamerikas ist die Banane. Sie wird hier vor allem in **Plantagen** angebaut. Eine Plantage ist bis zu 300 ha groß. Hier werden pro Jahr durchschnittlich 450 000 Büschel Bananen geerntet. Die Banane verlangt eine Jahrestemperatur von 20° C. Daneben sind auch monatliche Niederschläge um 100 mm notwendig. Die Bananenpflanze ist eine Staude. Aus dem Blütenkolben wachsen die Bananen zunächst nach unten, biegen sich dann aber zur Sonne hin. Nach der Ernte wird die Staude abgehackt, denn sie trägt nur einmal. Aus dem Wurzelsproß wächst eine neue Pflanze.
Die meisten Plantagen werden von der nordamerikanischen United Brands Company, der früheren United Fruit Company, kontrolliert. Von den USA aus werden Anbau, Ernte, Verarbeitung und Verkauf gesteuert. Die Arbeiter auf den Plantagen sind auf bestimmte Tätigkeiten spezialisiert. Sie leben in Holzhäusern. Alle Waren des täglichen Bedarfs kaufen sie in einem Laden, der wie alles andere der Gesellschaft gehört.

▲ 5

Kaffee aus Costa Rica

Señor Gonzales ist Kaffeepflanzer in Costa Rica. Zur Selbstversorgung baut er auch Mais und Bohnen an. Sein Betrieb, eine **Finca**, liegt im Hochland. Sie ist etwa 4 ha groß und gepachtet. Sie muß die sechsköpfige Familie ernähren und den Pachtbetrag für den Großgrundbesitzer einbringen. Die empfindliche Kaffeepflanze braucht eine Jahrestemperatur von 17 bis 22 °C, günstig sind Jahresniederschläge zwischen 1000 und 1500 mm. Besonders gut gedeiht sie auf den mineralreichen Vulkanböden.
Fällt die Ernte schlecht aus, bleibt Señor Gonzales oft nichts anderes übrig, als seine Pacht auf der Hazienda des Großgrundbesitzers abzuarbeiten. Die ganze Familie und einige Verwandte werden zur Erntezeit eingesetzt. Sie pflücken die reifen Kaffeekirschen von den etwa 2 m hohen Kaffeesträuchern mit der Hand. Señor Gonzales liefert die Ernte an eine Großfinca weiter, wo der Kaffee aufbereitet wird. Hier werden die von Fruchtfleisch befreiten Kaffeebohnen gewaschen, getrocknet, sortiert und in Säcke verpackt. Geröstet werden die Kaffeebohnen erst im Verbraucherland, in Hafenstädten wie z. B. in Hamburg und Bremen.

6 ▼

Bananen: Produktion — Export — Import
(ausgewählte Länder)

	Produktion in 1000 t (1983)	Welt-Export-anteil in %	Import-anteil BR Deutschland in %
Brasilien	6 692	*	—
Indien	4 500	*	—
Philippinen	4 200	12	—
Ecuador	2 020	19	14
Kolumbien	1 280	9	11
Honduras	1 250	12	13
Pananma	1 100	8	32
Costa Rica	1 021	14	29

* keine Angaben bzw. Anteile unter 5 %

7 ▼

Kaffee: Produktion — Export — Import
(ausgewählte Länder 1983)

	Produktion in 1000 t	Export in 1000 t	Import in 1000 t
Brasilien	1 660	931	—
Kolumbien	798	540	—
Indoniesien	300	241	—
Mexiko	246	174	—
El Salvador	150	159	—
Guatemala	153	143	—
Costa Rica	126	109	—
U.S.A	—	—	998
Bundesrepublik Deutschland	—	—	523

8 ▼

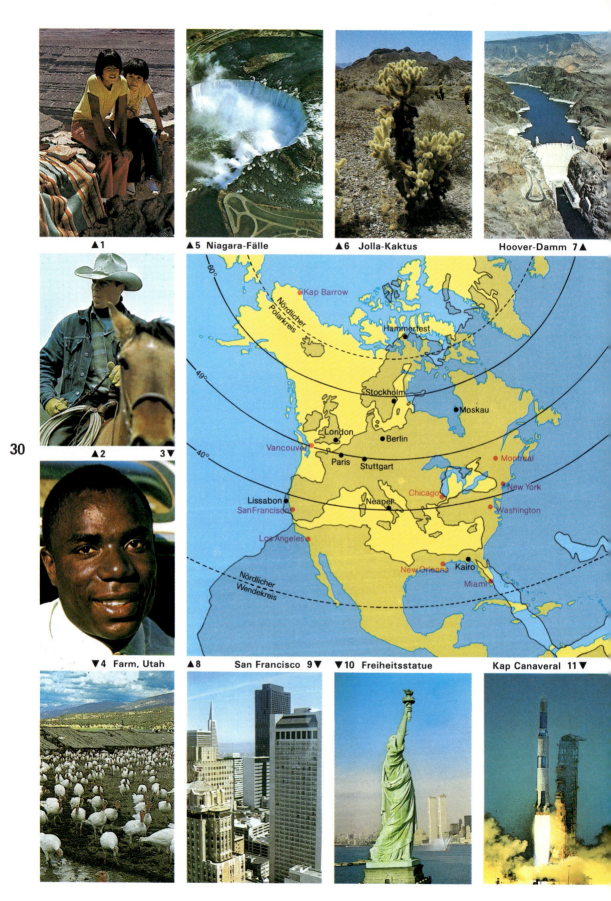

▲1   ▲5 Niagara-Fälle   ▲6 Jolla-Kaktus   Hoover-Damm 7▲

▲2   3▼

▼4 Farm, Utah   ▲8   San Francisco 9▼   ▼10 Freiheitsstatue   Kap Canaveral 11▼

Ohne Auto geht nichts

„Bis heute ist das Auto das Lieblingskind des Amerikaners. 162 Millionen benzinfressende Fahrzeuge rollen auf dem ausgedehntesten Straßennetz der Welt. Während der ‚Rush-hour' vermitteln die Ausfallstraßen der großen Städte den Eindruck, als sei die ganze Nation unterwegs. Im Durchschnitt besitzt jeder erwachsene Amerikaner mindestens einen Straßenkreuzer. In der Weite des Westens ist man ohne Auto gänzlich verloren. In manchen Präriestaaten gibt es einen Jugendlichen-Führerschein, der es schon Vierzehnjährigen erlaubt, selbst zur Schule zu fahren. Doch ist die Vergeudung von Energie auch für die reichste Nation der Erde nicht länger durchzuhalten." (8)

Nordamerika

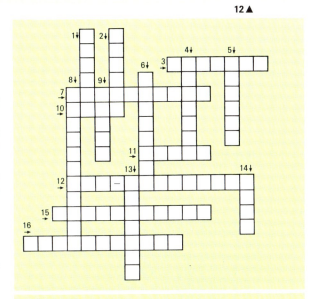

12 ▲

1 Nordamerika ist ein Land voller Gegensätze. Vielleicht stellt ihr euch den Kontinent so vor, wie es die Bilder auf der linken Seite zeigen. Ihr könnt die Fotos beschreiben.

2 Der Schriftsteller Raymond Cartier sieht Amerika aber auch noch mit anderen Augen (Abb. 12 und 14). Lest die Schilderungen.

3 Wer weiß schon, daß der größte Teil der USA südlicher liegt als Europa? Überprüfe dies mit Hilfe der Karte. Suche zu Miami, Los Angeles und New York Orte entsprechender Breitenlage in Europa bzw. Nordafrika.

4 Miß die Entfernungen Kap Barrow—New Orleans und New York—San Francisco. Vergleiche mit den Strecken Moskau—Lissabon, Hammerfest—Kairo und Berlin—Stuttgart.

5 Der Zeitunterschied zwischen New York und San Francisco beträgt drei Stunden. Große Sportveranstaltungen beginnen z. B. in New York erst nach 22 Uhr. Erkläre!

6 Viel Spaß beim Kreuzworträtsel. Bitte nicht ins Buch schreiben, sondern Transparentpapier verwenden.

7 Sammelt Zeitungsmeldungen und Bilder.

1 US-Währung
2 Angehöriger eines Indianerstammes
3 berühmter Wasserfall
4 Indianer
5 nördlichster Bundesstaat
6 Ureinwohner
7 Hauptstadt der USA
8 Sitz des US-Präsidenten (ß = ss)
9 Indianerstamm
10 Stadt am gleichnamigen See
11 Schwarze
12 Stadt an der Westküste
13 Bundesstaat im Süden
14 Automarke
15 Bundesstaat im Westen
16 größter Fluß

▲13 14 ▼

New York — ein Phänomen

„New York hat schon mehrfach bewiesen, daß Logik nicht existiert und Mathematik nicht stimmt, von den amtlichen Statistiken ganz zu schweigen! Im Prinzip müßten die New Yorker mindestens einmal in der Woche an Luftmangel, Entkräftung oder nervöser Erschöpfung sterben. Die Straßen müßten unentwirrbar verstopft sein. Es erscheint wie ein Rätsel, daß die U-Bahn-Schächte die Menschenmassen fassen, ohne daß jeden Tag Tausende von Passagieren totgedrückt werden. Die Brücken und Tunnels können unmöglich für den Verkehr zwischen New York und der übrigen Welt genügen, die Lebensmittelversorgung kann nicht in genügendem Umfang erfolgen, und der überhöhte Bodenpreis läßt es nicht zu, die Häuser zu renovieren." (9)

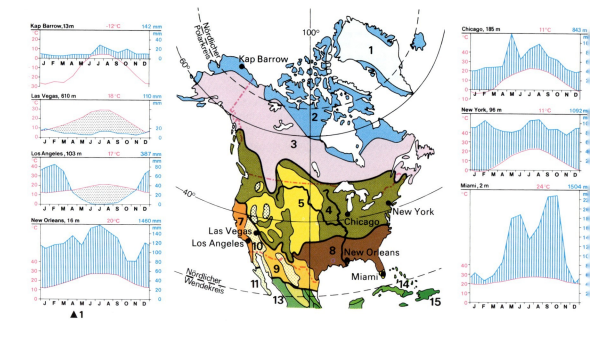

Nordamerika — Kontinent der klimatischen Gegensätze

Die USA reichen von der Tropenzone im Süden Floridas bis in die Polarregion Alaskas. Die beiden Stationen Miami und Kap Barrow zeigen den großen Temperaturgegensatz. Auch hinsichtlich der Niederschlagshöhe und Niederschlagsverteilung bestehen erhebliche Unterschiede. Dies läßt sich mit Hilfe der Klimadiagramme leicht erkennen.

1 *An welchen Klimazonen haben die USA vorwiegend Anteil? (Karte im vorderen Bucheinband.)*

2 *Vergleiche die Klimastationen Miami, Kap Barrow, New York, Las Vegas, Chicago und Los Angeles miteinander (genaue Werte im Anhang). Erstelle eine Tabelle: Breitenlage, Temperatur im Januar, Temperatur im Juli, durchschnittliche Jahrestemperatur, durchschnittlicher Jahresniederschlag.*

3 *Charakterisiere das Klima jeder Station. Welche Gesetzmäßigkeiten kannst du anhand deiner Tabelle erkennen?*

4 *Im Gebiet des 100. Längengrades verläuft die* **Trockengrenze**. *Welche Bundesstaaten haben an der durch Dürren gefährdeten Steppenzone der Great Plains Anteil? (Klimazone 5.) Vergleiche mit dem Atlas.*

Will man das Klima Nordamerikas kennzeichnen, so genügen Mittelwerte allein nicht. Da die Gebirge im Unterschied zu Europa von Norden nach Süden verlaufen, kommt es oft zu einem raschen Wechsel von Luftmassen. Im Sommer stöhnt die Bevölkerung an der Ostküste und im Mittleren Westen bis weit nach Kanada hinein oft wochenlang unter tropischer Hitze. In New York und anderen Großstädten steigt die Zahl der Todesopfer bei solchen Wetterlagen sprunghaft an. Im Winter dagegen sind die **Blizzards** gefürchtet. Diese Schneestürme können in manchen Jahren bis an den Golf von Mexiko vordringen. Selbst die Orangenhaine Floridas sind gelegentlich schneebedeckt – und das in einer Breite, die derjenigen der südlichen Sahara entspricht! Wie groß die klimatischen Gegensätze sein können, zeigt ein Ausschnitt aus dem Fernsehwetterbericht vom 28. August 1979:

,,In den Neuenglandstaaten brachte eine Regenfront vom Atlantik her lang anhaltende Niederschläge. Der Kennebec River in Maine trat an mehreren Stellen über die Ufer, so daß einige hundert Bewohner evakuiert werden mußten. Im Gebiet der Großen Seen führte ein Kaltlufteinbruch zu einem Temperatursturz. In Chicago, wo gestern noch 30 °C gemessen worden waren, herrscht heute mit 14 °C empfindliche Kälte. Tornados werden aus Kansas und Missouri gemeldet. Zum Glück haben sie bisher keine größeren Schäden angerichtet. Unterdessen bereiten sich die Bewohner Floridas auf den Hurrikan ‚David' vor. Zahlreiche Touristen packen ihre Koffer. — Im Südwesten bleibt es weiterhin heiß und trocken. Wie schon in den letzten Tagen wurden in Yuma (Arizona) und im Tal des Todes die höchsten Temperaturen mit 44 °C registriert."

„Rüssel" eines Tornado 2▲
4▼

5 *Vergleiche die folgenden Schilderungen miteinander, und stelle Gemeinsamkeiten und Unterschiede zwischen **Hurrikan** und **Tornado** einander gegenüber: Windgeschwindigkeit, Art und Ausmaß der Zerstörung, Verbreitung, Zugbahn, mögliche Schutzmaßnahmen.*

6 *Informiere dich im Anhang über die Entstehung von Hurrikan und Blizzard.*

▼3

Hurrikan bedroht Florida
„Als bisher schlimmster Wirbelsturm des Jahrhunderts schlug der Hurrikan ‚David' eine 50—100 km breite Schneise der Zerstörung von der Inselgruppe der Antillen in der südlichen Karibik bis nach Florida. Allein in der Dominikanischen Republik, über die er mit Windgeschwindigkeiten bis 240 km in der Stunde hinweggebraust war, kamen mehr als 1 000 Menschen ums Leben, und 150 000 verloren ihr Obdach. In Florida stürmt die Bevölkerung Einkaufszentren und die wenigen offenen Tankstellen, um sich für den Notfall einzudecken. Kerzen und Batterien sind kaum noch zu haben. Die Straßen in Richtung Norden sind mit vollbeladenen Autos verstopft. Alle Flüge von und nach Fort Lauderdale, Miami und West Palm Beach sind eingestellt. Auch das Weltraumzentrum Cape Canaveral wurde bis auf eine Notbesatzung evakuiert. Zahlreiche Hotels entlang der Küste öffnen ihre Vorder- und Hintertüren, um der zu erwartenden Flutwelle einen freien Durchfluß zu ermöglichen. Selbst ‚Flipper', der weltberühmte Star der Delphinschau in Key Biscaine, wurde in einem großen Behälter in Sicherheit gebracht." (10)

Tornado macht Stadtteile dem Erdboden gleich
„Eine der schlimmsten Tornadokatastrophen erlebte das Mississippigebiet am 23. März. Ungewöhnlich heiße und feuchte Luft war an diesem Tag auf einen kalten Luftstrom aus dem Norden gestoßen. Wie zwei feindliche Brüder prallten die beiden Luftmassen aufeinander. Weißgraue Wolken bedeckten neben ölig schwarzen Dunstgebilden in planlosem Durcheinander den Himmel. Bald darauf begann die Luft zu wirbeln, erst langsam, dann immer schneller. Nicht lange, und aus dem Wolkenschlauch wurde ein trichterförmiger rotierender Ring. Es war ein düsterer Zapfen, ein ungeheurer Rüssel aus schmutziggrauer Farbe. Langsam, doch unerbittlich tastete er sich zum Erdboden hinab. Bogenförmig gekrümmt, unirdisch wie ein Gespenst hing er vom Himmel. In Sekundenschnelle wuchsen sechs weitere Schläuche aus den Wolken herab. ‚Wie torkelnde Betrunkene', schreibt ein Augenzeuge, ‚schwankten die Tornados zu sechst dahin. Sie machten ein Getöse wie das Geratter von tausend Güterzügen.'
Mit mahlendem Tosen raste der Tornado durch die Stadt Dyersburg in Tennessee. Er wirbelte Menschen, Vieh und Dachziegel durcheinander. Mit Windgeschwindigkeiten bis 500 km in der Stunde riß er Schafen die Wolle von der Haut, drückte Hauswände ein, schleuderte Autos Hunderte von Metern durch die Luft und rasierte eine 300 bis 500 m breite Schneise in Felder und Wälder. An diesem Tag rasten mehrere Tornados wie das Jüngste Gericht durch die Staaten Arkansas, Tennessee, Alabama, Kentucky, Mississippi und Missouri. 250 Menschen kamen ums Leben, über 2 000 wurden verletzt." (11)

33

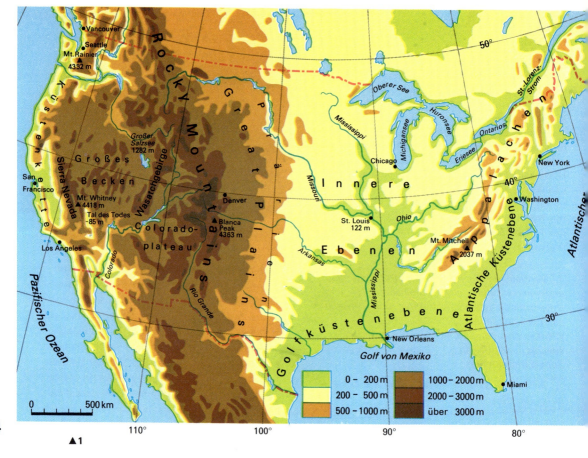

▲1

Die Großlandschaften der USA

Der Osten und die Mitte des Kontinents

Ein Blick auf die Karte zeigt, daß sich die USA in vier Landschaftszonen gliedern:

● Die **Atlantische Küstenebene.** Sie war schon vor dem Jahre 1800 vor allem von Engländern besiedelt worden. Die 13 Neuenglandstaaten bildeten die Keimzelle der Vereinigten Staaten. Im 19. und 20. Jahrhundert war Amerika das Ziel von Millionen von Auswanderern aus aller Welt, unter ihnen auch viele Deutsche.

Besonders wichtig für die Besiedlung des neuen Kontinents wurde die „**Fall-Linie**". Wo die aus den Appalachen kommenden Flüsse das Gebirge verlassen und in den weichen Untergrund des Schwemmlandes eintreten, bilden sie Wasserfälle und Stromschnellen. Diese nutzte man schon Ende des 18. Jahrhunderts zur Energiegewinnung. Hier, an den Endpunkten der Binnenschiffahrt, entstanden bedeutende Zentren des Handels, der Industrie und des Verkehrs. Diese haben sich zu Millionenstädten entwickelt. Nirgends in ganz Nordamerika liegen die **Verdichtungsräume** so nahe beieinander wie zwischen Boston und Washington. Die Amerikaner sprechen von einem Städteband oder einer **Streifenstadt** (Strip-city). Die Abkürzung Boswash (Boston–Washington) ist heute jedem Schulkind bekannt. Der südliche Bereich der Atlantischen Küstenebene hat ein anderes Klima. Großgrundbesitz herrscht hier schon seit Beginn der Besiedlung vor. Deshalb wird das Land überwiegend landwirtschaftlich genutzt. Wichtige Anbauprodukte kannst du einer Wirtschaftskarte entnehmen.

- **Die Appalachen.** Sie erheben sich steil aus der Küstenebene. Trotz ihrer Höhe von über 1 500 m (Mt. Mitchell: 2 037 m) sehen sie wie ein Mittelgebirge aus. Wo früher die Siedler an Stromschnellen Mühlen und Sägewerke errichteten, reihen sich in einigen der tief eingeschnittenen Täler heute Zechen und Hüttenwerke aneinander. Denn im westlichen Teil der Appalachen liegen die großen Kohlenlager der USA. Der Raum um Pittsburgh gilt als das „amerikanische Ruhrgebiet".

- **Die Inneren Ebenen.** Sie nehmen den größten Teil der Vereinigten Staaten ein und werden vom Mississippi und Missouri entwässert (Einzugsgebiet 3,3 Mio. km^2). Der Missouri-Mississippi gehört mit einer Länge von über 6 000 km zu den größten Strömen der Erde.
Die Großen Seen sind natürliche Stauseen. Sie entstanden beim Rückzug der eiszeitlichen Gletscher. Das Gebiet zwischen Ohio, Mississippi und den Großen Seen gehört zu den industriellen Kernräumen der USA. Zwischen den einzelnen Großstädten befinden sich jedoch noch weite landwirtschaftlich genutzte Flächen, wie sie für das übrige Mississippi-Missouri-Tiefland charakteristisch sind. Nach Westen folgt auf die Ackerbau- und Viehzuchtgebiete der **Prärien** und **Great Plains** das Felsengebirge.

- Die **Rocky Mountains** und die übrigen **Gebirge des Westens** mit ihren Becken und Plateaus sowie die Millionenstädte in den Verdichtungsräumen am Pazifik.

1 Ordne die Fotos den Großlandschaften zu.

2 Zeichne mit Hilfe der Karte (Abb. 1) einen Querschnitt von der Ostküste zur Westküste entlang dem 37. Breitenkreis. Beschrifte die einzelnen Landschaften und Gebirge.

3 Notiere einige Staaten, die an der Atlantischen Küstenebene Anteil haben.

4 Zwischen Boston und Washington wohnt jeder fünfte US-Amerikaner. Nenne die übrigen Millionenstädte dieses 700 km langen Küstenstreifens.

5 Verfolge den Mississippi und Missouri auf der Karte. Notiere größere Städte am Ober-, Mittel- und Unterlauf.

New York, Times Square 2▲

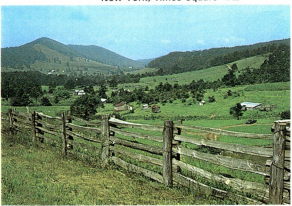
In den Appalachen 3▲

Mississippi bei Memphis 4▼

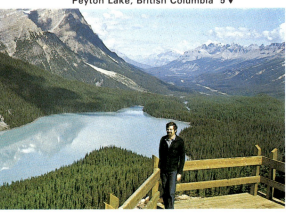
Peyton Lake, British Columbia 5▼

▼2 Heiße Mammutquellen   Yellowstone, Norris Geysir-Becken 1▲

Durch den Westen der USA

Von Denver zum Yellowstone-Park

„Seit langem haben wir unsere vierwöchige Reise durch den Westen der USA geplant. Wie Millionen Amerikaner steure ich ein Wohnmobil. Wir verlassen Denver im Staat Colorado in nördlicher Richtung. Die Getreidefelder weichen immer mehr sonnverbrannten Weiden. In der Ferne zeigen Windmotoren die Lage der Farmgebäude an. Am späten Abend erreichen wir Rapid City am Rande der dichtbewaldeten Black Hills.

Bei Sheridan erhebt sich das Felsengebirge schroff über die Great Plains. Über den 2 700 m hohen Granit-Paß kommen wir durch den gewaltigen Shell Canyon nach Cody, wo man im Museum die Heldentaten von Buffalo Bill aus der Zeit des Wilden Westens nacherleben kann. An das vorige Jahrhundert erinnert auch noch das Rodeo, ein wildes Reiterfest, bei dem sich

▼3 Devil's Tower, Wyoming

Büffel im Yellowstone-Park 4▼

▲5 Old Faithfull

Mammutbaum, Yosemite-Park 6▲

Cowboys und viele Touristen ein Stelldichein geben.
Von Cody aus gelangen wir zum **Yellowstone-Park.** Überall brodelt, dampft und zischt es. Gut gekennzeichnete Fußwege führen an heißen Quellen, Schlammtöpfen und Geysiren vorbei. Nach dem Old Faithful, dem ‚alten Getreuen', dessen gewaltige Fontäne 55 m Höhe erreicht, kann man die Uhr stellen. Im Hochsommer erwarten oft Tausende von Touristen die stündliche Eruption mit großer Spannung. Faszinierend sind die vielfarbigen Kalkablagerungen. Das schwefelhaltige Ergußgestein gab dem Park seinen Namen. Mit einer Fläche von 9 000 km² ist der Yellowstone-Park das größte und älteste Naturschutzgebiet der USA.
Bei einigem Glück kann man im wildreichen Park Antilopen, Hirsche, Elche, Büffel, Braun- und Schwarzbären beobachten. Abstecher in die unberührte Wildnis sind zwar lohnend, im Revier des Grizzlybären aber nicht ganz ungefährlich!"

Nationalparks in Utah, Arizona und Neu Mexiko

,,Durch den Grand-Teton-Nationalpark mit seinen schroffen Gipfeln und zerrissenen Gletschern fahren wir über das Wasatch-Gebirge nach Salt Lake City, der Hauptstadt des Staates Utah. Hier liegt das Zentrum der 1847 eingewanderten Mormonen. Seither ist es dieser Religionsgruppe in zäher Arbeit gelungen, das Trockengebiet am Großen Salzsee in fruchtbares Ackerland zu verwandeln.
Nach dem Angriff der japanischen Streitkräfte auf Pearl Harbour im Zweiten Weltkrieg hat sich hier, im geschützten Binnenland, ein Schwerpunkt der Elektronik- und Raumfahrtindustrie entwickelt.
Utah gehört auch zu den führenden Bergbaustaaten der USA. Nur eine halbe Autostunde südwestlich von Salt Lake City besuchen wir die 600 m tiefe Copper Mine, den größten Kupfertagebau der Welt."

▼7 Rainbow-Bridge am Colorado

Bryce-Canyon, Utah 8▼

▲ 9 Arches-Nationalpark, Utah

Die Erschließung des Westens
1609 gründen die Spanier Santa Fe am Rio Grande (Neu Mexiko). Von hier aus kolonisieren sie das Gebiet der Pueblo-Indianer.
1769—1800: Die 25 spanischen Missionsstationen an der Pazifikküste bilden die Keimzellen bedeutender Städte: San Diego (1769), Los Angeles (1771), San Francisco (1776). Viele Staaten, Flüsse, Berge, Gebirge und Städte tragen spanische Namen.
1848: Goldrausch in Kalifornien, magische Anziehungskraft für Hunderttausende aus dem Osten.
1857: Beginn der intensiven Bewässerungswirtschaft im Kalifornischen Längstal, Konservenindustrie.
1869: Erste transkontinentale Eisenbahn (Union Pacific).
Seit 1910: Filmindustrie (Hollywood); abwechslungsreiche Landschaften, fast immer schönes Wetter. Aufstrebende Entwicklung im Flugzeugbau. Die Bevölkerung Kaliforniens verdoppelt sich bis 1960 alle zehn Jahre (1910: 1,5 Mio. E., 1960 15 Mio. E., 1983 24 Mio. E.).
Seit 1945: Weitere starke Industrialisierung: Raumfahrt- und Elektronikindustrie. Allmählich entsteht die „Strip-city" Sansan (San Diego—San Francisco). Allein Los Angeles bedeckt eine Fläche so groß wie der Schwarzwald (6 500 km²).

„Unsere nächsten Ziele sind der Bryce Canyon mit seinen absonderlichen Verwitterungsformen, die wuchtigen Felsformationen des **Monument Valley,** die Stauseen am Colorado, der Petrified Forest mit seinen versteinerten Baumstämmen, der Meteorkrater von Arizona und die Höhlenstädte der Pueblo-Indianer.

Unvergeßlich ist für mich der **Grand Canyon.** Der Colorado hat sich hier 1 800 m tief in die fast tischebene Landschaft eingeschnitten. Die Geologen sprechen vom ‚großartigsten Geschichtsbuch der Erde'. In den Versteinerungen kann man von unten nach oben die Entwicklungsstufen der Tier- und Pflanzenwelt unserer Erde studieren.

Auf den Wohnmobilplätzen treffen wir abends Amerikaner aus allen Teilen des Kontinents. Beim Grillen der Steaks erzählen uns viele, daß sie auch zu Hause in Wohnwagensiedlungen leben. Sie wechseln alle paar Jahre den Beruf.

▲10   Las Vegas 11 ▼   Mobile home 12 ▼

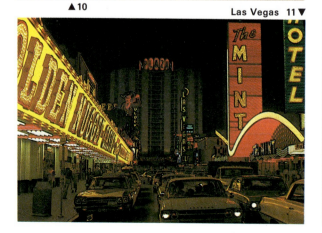

Grand Canyon 13 ▲

Man braucht dann nur Räder zu montieren, um die Wohnung in die Nähe des neuen Arbeitsplatzes zu transportieren. Manchmal stoßen wir mitten in der Halbwüste auf solche ‚mobile home parks'."

Von Las Vegas nach San Francisco

„Über Las Vegas, die Stadt der Glücksspieler, erreichen wir nach acht Tagen wieder Salt Lake City. Am nächsten Morgen fahren wir über zwei Stunden an den in der sengenden Sonne glitzernden Salzflächen des Großen Salzsees vorüber. Rennfahrer aus aller Welt treffen sich hier, um Geschwindigkeitsrekorde aufzustellen. Wir durchqueren die wüstenhafte Landschaft des Großen Beckens. Spät in der Nacht kommen wir erschöpft in Reno an.
Am nächsten Tag geht es durch die Sierra Nevada. Nach einem Abstecher in den **Yosemite-Park** mit seinen Mammutbäumen gelangen wir ins heiße, dichtbesiedelte Kalifornische Längstal. Auf bewässerten Feldern wachsen hier Baumwolle, Reben, Zitrusfrüchte und Gemüse. Jenseits der Küstenkette erreichen wir San Francisco."

1 *Ordne die Fotos der Reiseschilderung zu.*

2 *Verfolge die Reiseroute im Atlas, und suche einige Etappenziele auf.*

3 *Die Rocky Mountains sind nur ein Teil des westlichen Gebirgssystems. Zwischen den einzelnen Gebirgsketten liegen ausgedehnte Becken und Plateaus. Nenne Beispiele.*

4 *Millionen Amerikaner sind im Sommerurlaub mit großen Wohnmobilen unterwegs. Viele bringen auch ganze Ferienhäuser auf Rädern, sogenannte „mobile homes", mit (Foto). Vergleicht Vor- und Nachteile dieser Art des Reisens und Wohnens.*

▼14 Halbwüste bei Las Vegas

San Francisco 15 ▼

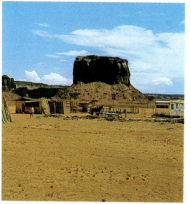
▲1 Navajo-Reservat

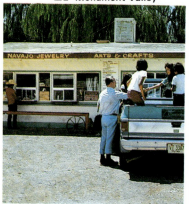
▲2 Monument Valley

▲3 Navajo-Indianer   4▼

Die Indianer — ein Volk ohne Hoffnung?

In der Reservation

Im Dezember 1880 umstellten 600 Soldaten am kleinen Fluß Wounded Knee in Süd-Dakota eine Gruppe von Indianern unter ihrem Häuptling Big Foot. Im folgenden Feuergefecht kamen 153 „Rothäute" ums Leben. Sie hatten die letzte Schlacht gegen die Weißen verloren. Den Indianern wurden als Ersatz für das verlorene Land nun Schutzgebiete zugewiesen. In diese von Natur aus benachteiligten **Reservationen** siedelte man die Indianer zum Teil gewaltsam um. Bis heute sind von den insgesamt 230 000 km² Land, das in indianischem Besitz ist, nur 12 000 km² Ackerland.

Noch vor hundert Jahren waren die Indianer die alleinigen Herren über einen riesigen Kontinent. Wegen der äußerst unterschiedlichen natürlichen Ausstattung des Landes gab es mehrere hundert Gruppen mit ganz verschiedener Lebensweise und Kultur: Sammler und Jäger in den Wäldern des Ostens, Büffeljäger in den Prärien; Indianerstämme im trockenen Westen, die schon die Bewässerungswirtschaft kannten. Unter ihnen erreichten die Pueblo-Indianer die höchste Kulturstufe. Sie legten die berühmten Höhlenstädte auf dem Colorado-Plateau an (Abb. 5).

Die **Navajo-Reservation** ist mit 57 000 km² bei weitem die größte der insgesamt 244 Indianerreservationen. Die Bevölkerung ist hier von 8 000 im Jahre 1868 auf über 140 000 Einwohner angewachsen. Viele Familien leben mit einem jährlichen Einkommen von 1 500 Dollar am Rande des Existenzminimums. Jeder zweite Erwerbstätige ist arbeitslos. Die wüstenhafte Landschaft erlaubt nur spärliche Viehzucht (Abb. 1). Die Holz- und Lehmhütten der Navajos sind weit verstreut. Die meisten haben weder fließendes Wasser noch Strom, noch sanitäre Einrichtungen. Die Säuglingssterblichkeit ist doppelt so hoch wie im Landesdurchschnitt. Die Kinder gehen meist nur fünf Jahre lang zur Schule. Jeder zweite Indianer spricht bis heute kein Englisch oder beherrscht die Landessprache nur unvollkommen. Dabei ist die Navajo-Reservation reich, im Gegensatz zu den meisten Bewohnern. Hier sprudeln Hunderte von Erdölquellen, daneben hat man Uran und Kohle entdeckt. In Window Rock, dem Hauptort, gibt es neuerdings zwei Motels, ein Geschäft für Schmuckwaren und einen modernen Supermarkt. Der Reichtum kommt allerdings nur wenigen geschäftstüchtigen Indianern zugute. Der Stammesvorsitzende bezieht ein Jahresgehalt von 50 000 Dollar!

1 *Sprich über die Etappen der Erschließung der USA und die Verdrängung der Ureinwohner (vgl. die Karten).*

2 *Die meisten Reservationen liegen in Gebieten, die von Natur aus benachteiligt sind. Du kannst dies begründen (Abb. 1 und 2 sowie Klimakarte).*

3 *In einigen Reservationen versucht man, den Anschluß an den Lebensstandard der Weißen zu finden (Abb. 3, 4, 6 und 7).*

In der Stadt

„Minneapolis am Oberlauf des Mississippi gilt als eine der schöneren Städte der USA. Dennoch gibt es auch hier Elendsviertel hinter den Prachtfassaden. Früher lebten dort arme Weiße, später arme Schwarze. Die jüngst hier eingezogenen Bewohner aber sind die ältesten Amerikaner: Seit einem Vierteljahrhundert wohnen die Indianer in den Slums von Minneapolis. In der Franklin-Avenue sind es inzwischen zehntausend, Sioux- und Chippewa-Indianer — sie, die einstigen Büffeljäger in den Weiten der Prärie.

Der Strom, der die Indianer aus ihren Reservationen zog, begann mit dem letzten Weltkrieg, als die Amerikaner Arbeitskräfte brauchten. Heute lebt über ein Drittel aller Indianer in Großstädten. Es ist noch immer ein bitterer Entschluß, die Reservation zu verlassen. Dort ist man unter sich, dort ist die Familie, der Stamm — das sind sehr starke Bindungen. Aber dort liegt auch der faule Geruch von Armut und Hoffnungslosigkeit. Die weiße Regierung tut vieles, den Weg in die Stadt zu erleichtern. Aber dennoch bleiben die Indianer Fremde in ihrem eigenen Land: Tempo und Hetze, Kleidung, Essen, Leistungsdenken — alles in der Welt der Weißen ist ihnen fremd. So flüchten sie sich in eigene Gettos. Hier kennt man einander. Hier beginnt aber auch die Flucht vor der Stadt und dem jetzigen Dasein. Obwohl sie eine staatliche Unterstützung erhalten, sehen viele im Alkohol den letzten Ausweg. So wie in Minneapolis gibt es Indianerslums in vielen amerikanischen Großstädten. Freilich gibt es auch Gruppen, die sich der Welt der Weißen angepaßt haben. Viele Indianer sind als Facharbeiter beim Hochhausbau geschätzt, andere sind Händler oder Fremdenführer."

▲5 Höhlenstadt   6▼

7▼

8▼

4 *Bei den Weißen gelten viele Indianer als unzuverlässig. Sie verstehen nicht, warum Indianer unregelmäßig zur Arbeit erscheinen. Ihre Mentalität, ihr Brauchtum und ihre Religion bleiben ihnen fremd. Hierzu ein Indianer: „Die Weißen denken immer nur an Fortschritt, an Geld und Profit." Diskutiert diese Ansicht.*

41

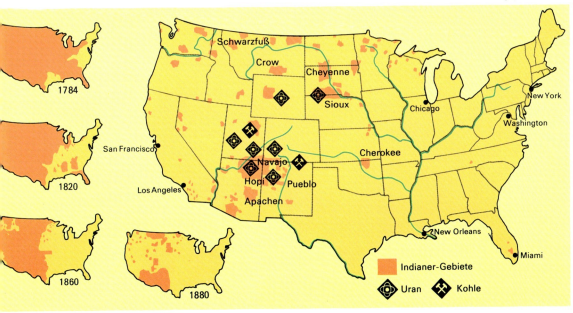

Siedlungs- und Flurformen in den USA

„Steil hebt unsere DC 10 vom Rollfeld des Kennedy-Flughafens ab. In einer weiten Schleife überfliegen wir die Wolkenkratzer Manhattans zwischen East River und Hudson River. Über dem Empire State Building, dem UNO-Gebäude und den 412 m hohen Doppeltürmen des World Trade Center blicken wir in die tiefen Straßenschluchten. Der typische **Schachbrett-Grundriß** amerikanischer Städte wird jetzt deutlich sichtbar. Nach einigen Minuten haben wir die uferlos scheinenden Vororte New Yorks hinter uns gelassen. Wiesen, kleine Getreidefelder und Wald wechseln in bunter Reihenfolge ab. Eindrucksvoll ist der Gegensatz zwischen den bewaldeten Gebirgszügen der Appalachen und den sich westlich anschließenden Inneren Ebenen. Bis an den Horizont nichts als wogende Getreidefelder und dunkelgrüne Weiden mit tupfenförmig eingestreuten Farmgebäuden. Wege und Straßen teilen das Land in quadratische Blöcke und verlieren sich in der endlosen Weite. Nur hier und da eine kleinere Siedlung, deren Grundriß aus der Vogelschau ebenfalls wie ein Schachbrett aussieht. Nördlich von St. Louis überqueren wir den Mississippi und eine halbe Stunde später den Missouri bei Kansas City. Das Land wird trockener. Die Weiden sind fahlgrau, die Weizenfelder schon abgeerntet.
Plötzlich ein ganz anderes Bild: Entlang den Flüssen, die aus den Rocky Mountains kommen, dunkelgrüne Flächen inmitten der von der Sonne verbrannten Wiesen. Ich habe schon viel über diese Bewässerungskarusselle gelesen. Im trockenen Vorland des Felsengebirges, wo die jährlichen Niederschläge unter 500 mm liegen, werden die Weiden mit Hilfe der kreisförmig angelegten, rotierenden Beregnungsanlagen bewässert. Seit den sechziger Jahren bestimmen sie neben dem quadratischen Flurmuster das Landschaftsbild. Mehr als 12000 dieser Anlagen sind schon in Betrieb, und immer neue mit jeweils etwa 240 ha Fläche kommen hinzu. Jetzt, nach dreieinhalb Stunden Flugzeit, kündigt der Pilot den Landeanflug auf Denver an. Die Maschine gleitet über die ausgedehnten, auch hier schachbrettähnlich angelegten Wohnviertel, die das Geschäftszentrum mit seinen Wolkenkratzern umgeben. In der Ferne verlieren sich die Bänder der Ausfallstraßen. Die mächtige Kulisse der Rocky Mountains ist zum Greifen nahe."

◀ 1 Siedlungsmuster, Mittlerer Westen

1 Auf dem Luftbild von Imperial in Nebraska erkennt man Siedlungs- und Flurformen, die für den Mittleren Westen der USA typisch sind. Vergleiche Foto und Schilderung.

2 Das im Luftbild umrandete Quadrat zeigt eine **Section**, das ist eine Quadratmeile (Abb. 2). Eine Farm umfaßt in der Regel den vierten Teil dieser Fläche, also eine Quarter Section (64,75 ha). Lege Transparentpapier auf das Foto, und zeichne Farmgebäude und Wege ein. Du wirst feststellen, daß es für die Lage der Farmen und für das Wegenetz verschiedene Möglichkeiten gibt.

3 Jede Gemeinde **(Township)** ist 6 Meilen lang und 6 Meilen breit (= 36 Quadratmeilen). Jede Quadratmeile ist in Viertel-Quadratmeilen (Quarter Sections) aufgeteilt.
Zeichne nach dem Muster (Abb. 2) eine Gemeinde (eine Quadratmeile = 2×2 cm). Auf welcher Quadratmeile würdest du innerhalb dieser Gemeinde die zentralen Einrichtungen anlegen? Trage sie ein.

4 Nenne einige Vor- und Nachteile dieses Siedlungsmusters.

5 Selbst die Grenzen zwischen den Bundesstaaten verlaufen in den USA überwiegend schematisch in Nord-Süd- bzw. West-Ost-Richtung. Suche Beispiele im Atlas.

Landaufteilung in den USA, Schema 2▼

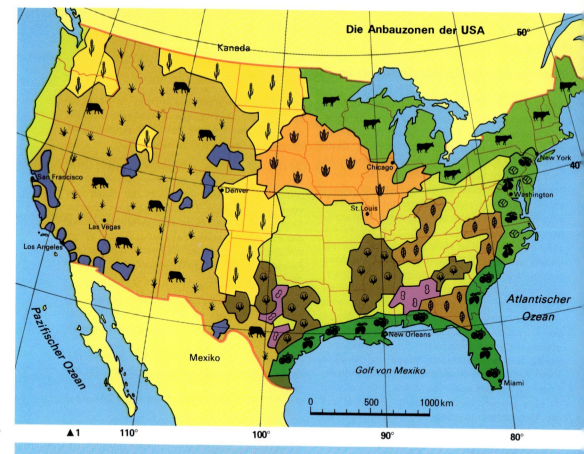

Die Anbauzonen der USA

	Vorwiegend Anbau von:
Milchwirtschaftszone Erzeugung von Milchprodukten zur Versorgung der Verdichtungsräume. Daneben Obst- und Gemüseanbau, Geflügelhaltung.	
Anbau von Mais und Sojabohnen Kerngebiet der US-amerikanischen Landwirtschaft. Gute Böden und günstige klimatische Voraussetzungen.	**Baumwolle** Während der Reifezeit Temperaturen zwischen 25 und 27° C; im Mittel mindestens 200 frostfreie Tage jährlich.
Zone der gemischten Landwirtschaft Mais- und Weizenanbau, Milchwirtschaft, Mastvieh- und Geflügelhaltung (große Teile des Ostens und Mittleren Westens).	**Tabak** In Nordcarolina steht Tabak an der Spitze der landwirtschaftlichen Erzeugnisse und erbringt fast 50 % des Farmeinkommens.
Weizenzone Im Süden Winterweizen, im Norden und Nordwesten Sommerweizen. Im Trockengebiet der Great Plains zum Teil „dry farming".	**Erdnüsse** Ausweitung des Anbaus auf Kosten der Baumwolle. Kurze Wachstumszeit bei gleichmäßig hohen Sommertemperaturen (über 25° C).
Bewässerungskulturen Besonders westlich der Trockengrenze (100° w. L.) Anbau von Baumwolle, Reis, Gemüse und Zitrusfrüchten (Kalifornien).	**Gemüse und Obst** Intensivkulturen zur Versorgung der Großstädte im Gebiet der Atlantischen Küstenebene.
Weidewirtschaft In Gebieten mit weniger als 500 mm Niederschlag Rinderzucht und Schafhaltung (Teile der Great Plains und westliches Gebirgsland).	**Südfrüchte, Zuckerrohr, Reis** Reis westlich des Mississippideltas, Zuckerrohr im Mississippidelta und in Südflorida, Zitrusfrüchte in Florida.

▲2 Great Plains bei Denver

In der Weizenzone 3▲

Die Anbauzonen der USA

In den Inneren Ebenen bildeten sich wegen der weithin ähnlichen klimatischen Bedingungen einzelne „Anbaugürtel" heraus, in denen sich die Farmer auf eines oder wenige landwirtschaftliche Erzeugnisse spezialisiert hatten. Früher unterschied man von Norden nach Süden den „Milchwirtschaftsgürtel" (Dairy Belt), den „Weizengürtel" (Wheat Belt), den „Maisgürtel" (Corn Belt) und den „Baumwollgürtel" (Cotton Belt). Heute spricht man besser von **Anbauzonen.**

1 Anhand der Karte (Abb. 1) lassen sich wichtige Anbauzonen lokalisieren. Welcher Wandel hat sich vollzogen?

2 New York, St. Louis, Los Angeles, Dallas und Miami sind typische Klimastationen ausgewählter Anbauzonen. Lege eine Tabelle an, und vergleiche Temperaturen und Niederschläge (Klimastationen im Anhang).

3 Der 100. Längenkreis ist eine wichtige natürliche Grenze. Erläutere dies mit Hilfe von Abb. 1 und der Klimakarte S. 32. Verwende dabei den Begriff „**Trockengrenze**".

▼4 Baumwollernte in Kalifornien

Orangenkulturen in Florida 5▼

▲ 1 Max Louder

▼ 2 Route einer Mähdrescherkolonne

Weizen und Mais

In der Weizenzone

„Max Louder ist der Boß einer Mähdrescherkolonne. Anfang Mai trifft er sich mit seinen Kollegen in den weiten Ebenen des nordwestlichen Texas, um dem reifen Weizen nordwärts zu folgen. Immer wieder treffe ich Max Louder während dieses Sommers. Ich bin jedesmal aufs neue erstaunt, mit welcher Genauigkeit er den Einsatz seiner Mannschaft und Maschinen für den nächsten Tag plant. Brummend fressen sich seine Mähdrescher durch die goldgelben Weizenfelder und bahnen sich ihren Weg in Richtung kanadische Grenze. Unter günstigen Voraussetzungen kommen sie ihr bis zu 25 km am Tag näher.

Max Louder hat sieben Arbeitskräfte angestellt. Oft sehe ich sie erst nach Mitternacht hundemüde und völlig verstaubt in die Wohnwagen schleichen. Um 6 Uhr beginnt für sie bereits der neue Arbeitstag. John fährt einen der fünf Mähdrescher. Bereitwillig erklärt er mir die drei wichtigsten Handgriffe: ‚Mit diesem Hebel stelle ich die Schnitthöhe ein. Die Geschwindigkeit regle ich mit dieser Taste. Ich muß den ganzen Tag höllisch aufpassen. Wenn ich die Schneidemesser zu hoch einstelle, verfehle ich die Halme. Stelle ich sie zu tief ein, kommt zuviel Stroh in die Maschine, und ich riskiere einen Maschinenschaden. Fahre ich zu schnell, schlüpft das Korn ungedroschen durch. Und wenn ich zu langsam bin, bekomme ich es mit Max zu tun; für uns ist Zeit Geld.'

Inzwischen ist die Kolonne in Kansas angekommen. Hier wird die größte Weizenmenge der Great Plains produziert. Heute blickt Max Louder sorgenvoll zum Himmel. Ein Gewitter braut sich zusammen. Wenn es nur keinen Hagel gibt! Dies wäre fast so schlimm wie die gelegentlich auftretenden Weizenfeuer. Ich frage Max Louder nach seinem Einkommen: ‚Um überhaupt etwas zu verdienen, muß ich im Jahr wenigstens 130 000 Dollar machen, denn soviel muß ich in meinen Maschinenpark, die Wohnwagen und Ersatzteile investieren.' — ‚Also lohnt sich diese Schufterei doch kaum?' — ‚Woanders könnte ich sicher mehr verdienen. Doch kann ich mir kein anderes Leben vorstellen. Hier bin ich mein eigener Herr. Zudem versorge ich mit meiner Arbeit jedes Jahr 125 000 Familien mit Brot. Ich brauche einfach diese Herausforderung.'"(12)

Mais ist Gold

„Iowa gehört mit einer Fläche von 146 000 km² zu den kleineren Bundesstaaten der USA. Es ist das Land der Farmer. Von den insgesamt drei Millionen Einwohnern leben nur knapp 200 000 in der Hauptstadt Des Moines, die zugleich die bedeutendste Stadt des Landes ist. Es ist wenig wahrscheinlich, daß sich je ein Tourist finden wird, der sich Des Moines oder überhaupt Iowa zum Ziel setzt. Der Reisende, der diese Gegend berührt, hat nur einen Wunsch: ihrer Eintönigkeit so rasch wie möglich zu entfliehen. Etwas Langweiligeres als dieses Land kann man sich nicht vorstellen: Bis an den Horizont nichts als Maisfelder. Die Aluminiumsilos der verstreut liegenden Farmen blenden die Augen in der Mittagssonne.

Mais ist Gold. Denn Mais ist Fleisch, das auf den Feldern wächst. Die exakten amerikanischen Züchtungsmethoden überlassen nur einen ganz winzigen Teil dieses ‚Stoffwechsels' dem Zufall. Und die Gleichung Mais = Fleisch hat die Genauigkeit eines Lehrsatzes. Zehn Pfund Mais ergeben ein Pfund Schweinefleisch. Wenn die amerikanische Ernährung die üppigste der Welt ist (pro Jahr und pro Kopf 88 Kilogramm Fleisch), so verdanken die Amerikaner dies dem ‚Corn Belt', dem Maisgürtel. Ein Viertel der Rinder und die Hälfte der Schweine Amerikas werden allein im ‚Corn Belt' gezüchtet, der noch nicht einmal 10 % der Oberfläche der Vereinigten Staaten ausmacht.

Iowa steht an der Spitze all dieses Wohlstandes. In Wirklichkeit ist das Land eine einzige Fabrik. Die Maisgewinnung ist ein erster Schritt industrieller Produktion — eine technische Höchstleistung der Pflanzenkreuzungen. Sie ermöglichte eine Steigerung des durchschnittlichen Hektarertrags von 25 dt auf 57 dt. (Indiana erzielt die Rekordleistung von 71 dt je Hektar.)

Der zweite Schritt industrieller Produktion ist die Maisverfütterung an alle Tierarten, die dem Menschen als Nahrung dienen. Unter diesen Nahrungslieferanten nimmt das Geflügel die erste Stelle ein. Fast ein Zehntel aller Hühner, die in Amerika gegessen werden, kommen aus Iowa. Die jährliche Eierproduktion erreicht die für einen einzigen Staat phänomenale Zahl von 2,86 Milliarden Stück (71,84 Milliarden für ganz Amerika). Jeder Amerikaner ißt durchschnittlich mehr als ein Ei am Tag. Huhn ist das Nahrungsmittel für die ärmsten Bevölkerungsschichten!"
(13)

Farm in der Maiszone 3▲

[1] Max Louder ist Unternehmer. Er muß seine Arbeit genau planen. Nenne Vorzüge und Risiken seiner Tätigkeit!

[2] Das Kapitel gibt Informationen über die Getreideproduktion in Nordamerika. Vergleiche mit der Getreideerzeugung in der Bundesrepublik Deutschland.

[3] Was ist mit der Aussage Mais = Fleisch gemeint? Werte die Schilderung und Abb. 4 aus.

[4] **Rationalisierung, Mechanisierung** und **Marktwirtschaft** sind Kennzeichen der amerikanischen Landwirtschaft. Erläutere dies am Beispiel der Weizen- und Maisproduktion.

„Veredelung" von Mais 4▼

Bewässerung in Südkalifornien

Jenseits des 100. Längenkreises ist Ackerbau in der Regel nur mit künstlicher Bewässerung möglich. Die größten Bewässerungsgebiete liegen in den Great Plains am Rande der Rocky Mountains, im Kalifornischen Längstal sowie am Unterlauf des Colorado. Hier, an der mexikanischen Grenze, ist inmitten der Wüste seit Beginn unseres Jahrhunderts eine der großartigsten Oasen der Erde entstanden.

Am Saltonsee, der 72 m unter dem Meeresspiegel liegt, glaubt man sich in die Sahara versetzt. Hier gibt es ganze Wälder von Dattelpalmen. Daneben sind weite Flächen mit Zitrusfrüchten oder Weinreben bestellt. Zwischen März und Oktober steigt das Thermometer oft über 40 °C; die Rekordtemperatur liegt bei 52 °C! Das **Imperial Valley** ist somit nicht nur das trockenste, sondern zusammen mit dem Tal des Todes auch das heißeste Gebiet Nordamerikas.

Hier kann ganzjährig im Freien angebaut und geerntet werden. Die Amerikaner nennen das Imperial Valley „Wintergarten". Gerade im Winter und Frühjahr gedeihen Erzeugnisse, die anderswo erst im Sommer oder Herbst geerntet werden können.

Mr. Miller ist einer der vielen Farmer in der Oase. Seine riesigen Felder sind mit Baumwolle, Klee und Gemüse bestellt. Er besitzt auch eine Maststation für Rinder. Sein Nachbar hat sich auf den Anbau von Weizen, Hirse und Salat spezialisiert. Mr. Miller muß das ganze Jahr über genau planen. Wehe, wenn er einmal vergißt, seinen Wasserbedarf rechtzeitig der Kontrollstation am Hoover-Damm mitzuteilen! (Abb. 5.) Für seinen fast 1 000 ha großen Betrieb braucht er für einige hunderttausend Mark Wasser im Jahr. Dafür sind seine Erträge bei Baumwolle auch doppelt so hoch wie in den Anbaugebieten im Südosten der USA. Mr. Miller besitzt zwanzig Maschinen. Schon die beiden Baumwollpflückmaschinen kosten ein Vermögen. Auch die meisten Gemüsearten wie Karotten, Wirsing, Lauch und Zwiebeln werden maschinell gepflanzt und geerntet.

Die landwirtschaftlichen Erzeugnisse verkauft Mr. Miller auf den nahen Märkten an der Pazifikküste. Besonders oft hält er sich in San Diego und in Los Angeles auf. Im Januar und Februar liefert er manchmal sogar nach New York, denn im Winter herrscht in den Großstädten an der Ostküste eine rege Nachfrage nach Gemüse. Mr. Miller ist also Farmer und Geschäftsmann zugleich.

1️⃣ *Suche ausgedehnte Bewässerungsgebiete in den USA, und erkläre ihre Verbreitung.*

2️⃣ *Begründe mit Hilfe der Klimastation Imperial im Anhang,*
a) warum in Südkalifornien Anbau nur bei Bewässerung möglich ist;
b) wieso das Imperial Valley als „Wintergarten der USA" bezeichnet wird.

3️⃣ *Nenne einige landwirtschaftliche Erzeugnisse aus dem Imperial Valley, die bei uns aus klimatischen Gründen nicht wachsen.*

4️⃣ *Vergleiche die Fläche der Miller-Farm mit der Größe von Bauernhöfen bei uns.*

5️⃣ *Wie groß ist die Entfernung, aus der das Wasser zur Miller-Farm geleitet wird?*

6️⃣ *Farmer Miller beschäftigt zehn Arbeitskräfte. Er selbst versteht sich mehr als Manager denn als Bauer. Was bedeutet das?*

▼1 Baumwollfarm

Dattelpalmen 2▼

▲ 3 Amerikanische Sahara

All-American-Kanal 4 ▲

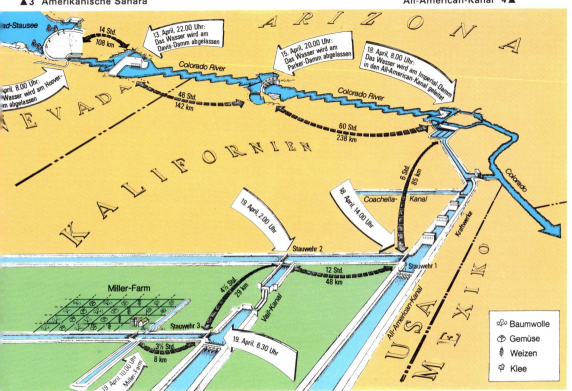

▲ 5 Mexikanische Wanderarbeiter 6 ▼ Maststation 7 ▼

▲ 1 Am Stadtrand von Los Angeles

Die City von New York 2 ▲

Verstädterung in den USA

In keinem Land der Erde wohnen im Verhältnis zur Gesamtbevölkerung so viele Menschen in Städten wie in den USA. Neun von zehn Amerikanern sind aufgrund ihrer Lebensweise und Berufszugehörigkeit als Städter zu bezeichnen. Schon kleine Siedlungen haben meist ein städtisches Aussehen. Entlang der Hauptstraße mit ihrem Reklameschilderwald liegen die zentralen Einrichtungen für ein weites Umland.

Das gewaltige Städtewachstum setzte mit der Industrialisierung seit dem Ende des 18. Jahrhunderts ein. Während die Zahl der Industriebeschäftigten infolge Fließbandarbeit und Automation zurückging, stieg der Anteil der Dienstleistungen (z. B. Banken, Versicherungen, Verwaltungseinrichtungen) ständig an. Heute spricht man bereits von einer nachindustriellen **Dienstleistungsgesellschaft.** Die Dienstleistungen sind aber fast ausschließlich in den Städten konzentriert. Mit der wachsenden Autoflut waren die Probleme in den Innenstädten unerträglich geworden. Wer es sich leisten konnte, zog ins Grüne. Vorortsiedlungen schossen wie Pilze aus dem Boden. Die Städte uferten aus (Abb. 1).

So wie das Flurmuster im ländlichen Raum ist auch das Straßennetz der Städte streng geometrisch geplant. Die Innenstadt von New York bildet ein anschauliches Beispiel (Abb. 2 und 3). Das schnurgerade Straßennetz zerlegt Manhattan in Blöcke von etwa 100 auf 100 m. Von einer bestimmten Straße im Stadtkern zählt man die Häuserblocks nach Osten bzw. Westen. Jedem Straßenabschnitt werden jeweils 100 Hausnummern zugeordnet. So findet sich der Briefträger und nach einiger Zeit auch der Fremde selbst dann zurecht, wenn die Nummern die Zahl 10 000 übersteigen.

Ein weiteres Merkmal der amerikanischen Stadt ist die **Hochhausbauweise** in der City. Sie erlaubt eine hohe Bebauungsdichte. Zudem begünstigt sie Kontakte zwischen Firmen und Institutionen. Hohe Bodenpreise sowie die günstige Belüftung und Belichtung waren für die Entwicklung dieser Büro- und Geschäftshochhäuser ebenfalls maßgebend. Während sich die älteren **Wolkenkratzer** treppenförmig nach oben verjüngen, überwiegt seit 1940 die Turmform. Um den Lichteinfall in die Straßenschluchten zu gewährleisten, sind die Abstände zwischen den Hochhäusern heute größer.

Die **Verstädterung** ist in den Vereinigten Staaten inzwischen so weit fortgeschritten, daß Großstädte entlang den vielspurigen Autobahnen allmählich zusammenwachsen. Schon sprechen Planer von Städtebändern

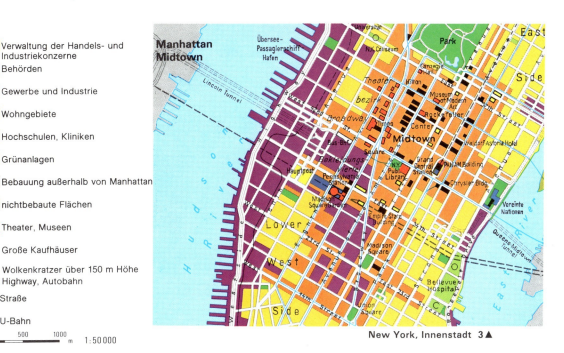

🟧	Verwaltung der Handels- und Industriekonzerne
🟦	Behörden
🟪	Gewerbe und Industrie
🟨	Wohngebiete
🟩	Hochschulen, Kliniken
🟢	Grünanlagen
⬜	Bebauung außerhalb von Manhattan
⬛	nichtbebaute Flächen
🟥	Theater, Museen
▫	Große Kaufhäuser
■	Wolkenkratzer über 150 m Höhe
⇌	Highway, Autobahn
=	Straße
—⊢—	U-Bahn

0 500 1000 m   1 : 50 000

New York, Innenstadt 3▲

oder Streifenstädten. Zu den bekanntesten **Strip-cities** gehören der Siedlungsstreifen zwischen Boston und Washington (Boswash), die Region zwischen Chicago und Pittsburgh (Chipitts) sowie der Raum zwischen San Francisco und San Diego (Sansan).

1 Beschreibe den Gegensatz zwischen City und Stadtrand mit Hilfe der Fotos (Abb. 1 und 2).

2 In nordamerikanischen Städten kann man sich leicht orientieren. Begründe dies anhand des Textes und der Abbildung 3.

3 Werte die Karte aus. Suche bekannte Straßen und Gebäude. Findest du das Chrysler Building, das PAN AM Building, das Rockefeller Center und den Broadway (Abb. 2) auch im Plan?
Berichte über die Flächennutzung im zentralen Teil Manhattans.

4 Welche Funktionen erfüllen Wolkenkratzer? Warum konzentrieren sie sich im Zentrum amerikanischer Städte?

5 Suche die im Text genannten „Strip-cities" im Atlas.

▼4

Zur Entwicklung der Wolkenkratzer

1885 Home Insurance Building: erstes Hochhaus in Chicago, 10 Stockwerke. Voraussetzung war die Erfindung der Stahlskelett-Bauweise und des Fahrstuhls.

1913 Woolworth Building in New York: 60 Geschosse.

1931 Empire State Building: 384 m hoch, 102 Stockwerke. Wahrzeichen New Yorks, lange Zeit das höchste Gebäude der Welt. Büroräume für 25 000 Menschen.

1973 World Trade Center in New York: zwei Türme mit je 411 m Höhe und 110 Geschossen. Größter Bürokomplex der Erde:
317 500 m² Bürofläche, 65 000 Arbeitsplätze; der Verbrauch an Beton und Zement hätte für eine Autobahn von der Erde zum Mond gereicht; 3 000 km Kabel, 198 Fahrstühle, 43 600 Fenster, 800 Putzfrauen; täglich 80 000 Besucher der Büros von Transportunternehmen, Versicherungen, Banken, Werbeagenturen, Rechtsanwälten, Reisebüros, Restaurants, Geschäften usw.

Manhatten mit World Trade Center 5▼

▲1 New York mit östlichen Vorstädten

Gliederung der nordamerikanischen Stadt: Beispiel New York

„Nelson Hawker wohnt in Deer Park, einem der vielen Vororte im östlichen Teil New Yorks. Er besitzt eines der unzähligen gleichförmigen Einfamilienhäuser, wie sie für die ausufernden Stadtrandsiedlungen typisch sind. Manchmal ärgert sich Nelson, daß auf Long Island wie auch sonst in New York die letzten Freiflächen scheinbar unkontrolliert verbaut werden. In den wenigen Lücken entstehen oft noch Wohnwagenparks. Heute, am Sonntagmorgen, macht Nelson mit seiner Frau Großeinkauf im neuen Shopping Center von Brentwood. 7 600 Parkplätze stehen hier den Kunden zur Verfügung. Beiläufig kann man alle Reparaturen durchführen lassen und anschließend in einer der Imbißstuben preiswert zu Mittag essen.

Nelson arbeitet im Zentrum von New York. Auf seiner Fahrt nach Manhattan nimmt er in Garden City seinen Freund Fred mit. So wie Nelson und Fred sind die meisten Bewohner in der Außenzone der Stadt, dem sogenannten **Metropolitan Ring,** Angestellte.

Auf den sechs- bis achtspurigen kreuzungsfreien Highways geht es zügig voran — vorbei an älteren Vororten und Einkaufszentren. Nun haben sie den Metropolitan Ring hinter sich gelassen. Sie erreichen Queens und damit den **Central Belt:** Industrieanlagen mit rauchenden Schornsteinen, Gewerbe- und Wohnviertel mit zum Teil heruntergekommenen und baufälligen Häuserzeilen liegen recht wahllos nebeneinander. Fred berichtet, daß es hier gestern zu Ausschreitungen zwischen Schwarzen und Puertoricanern gekommen ist. Wenn die Stadtverwaltung doch endlich das Geld hätte, um die baufälligen Mietswohnungen zu sanieren! Wie aber soll man der hohen Arbeitslosigkeit unter den Schwarzen und den anderen Minderheiten in diesen Vierteln begegnen?

Von der Queensboro-Brücke, die den East River überspannt, erscheinen die Wolkenkratzer Manhattans zum Greifen nahe. Am Rande der **City** stellen Nelson und Fred ihr Auto auf einem Parkplatz zwischen 50- bis 80stöckigen Wolkenkratzern ab. Dieser ist um 7 Uhr noch gähnend leer. Hier soll demnächst ein Glaspalast der Bank of America entstehen.

Nach einem eiligen Frühstück in einer der zahlreichen Imbißstuben drängen sich Nelson und Fred an der East 60th Street in die U-Bahn. Das Verkehrsgewühl ist inzwischen unerträglich geworden; in den Straßenschluchten ist kaum noch ein Parkplatz frei. Fred steigt in der 42nd Street aus, um im 60. Stock des Chrysler Building seinen Arbeitsplatz im Büro eines Rechtsanwalts zu erreichen. In diesem Wolkenkratzer befinden sich auch Versicherungen, Banken, Arztpraxen und Büros der verschiedensten Firmen. Fred ist stolz auf seinen Job, denn Ansehen und Gehalt eines Angestellten steigen mit der Zahl der Stockwerke. Nelson fährt bis zur Südspitze Manhattans weiter. Bis er in seinem Büro in der Bank of Manhattan angekommen ist, sind einseinhalb Stunden vergangen."

Modell einer amerikanischen Stadt

V	Vororte
G	Ghetto
	Industrie
	Einkaufszentrum
	Wohnmobil-Park
	Untere Einkommen
	Mittlere bis hohe Einkommen

City:
Geschäfts- und Wohnhochhäuser, Luxusappartements

Central Belt:
Wohn- und Gewerbeviertel Industrie, mehrstöckige Mietshäuser

Ghetto:
Rassische Minderheiten wie Neger, Puertoricaner, Chinesen, Portugiesen usw.

Metropolitan Area:
Außenzone der Stadt sowie Randgemeinden

2 ▲

1 Verfolge die Fahrtstrecke von Nelson und Fred anhand der beiden Karten (Abb. 1 und Abb. 3, S. 51).

2 Die amerikanische Stadt ist in Zonen gegliedert. Nenne mit Hilfe der Schilderung und Abb. 2 die drei wichtigsten Teilbereiche.

3 Äußere dich über die Lage und Ausdehnung der City, des Central Belt und des Metropolitan Ring.

4 Lege eine Tabelle an, und trage wesentliche Merkmale der drei Teilbereiche der amerikanischen Stadt ein.

5 Die Amerikaner schwärmen für Superlative und Rekorde. So wetteifern Städte oder Unternehmen um die Höhe der Wolkenkratzer. Welche anderen Beispiele sind dir bekannt? Welche hast du auf den vorigen Seiten kennengelernt?

6 Ein weiteres Merkmal der amerikanischen Stadt ist die Viertelsbildung rassischer Minderheiten. Informiere dich anhand der Schilderung und der Abb. 2 über die Lage und einige Besonderheiten dieser Wohngebiete. Damit hast du eine Erklärung, warum die weiße Bevölkerung oft fluchtartig ganze Straßenzüge verläßt.

▼3 Chinatown

In Harlem 4▼

▲1 Bingham-Kupfermine

▲2 Stahlwerk an der Ostküste

Space-Shuttle 3▲

Die größten Industrieunternehmen der westlichen Welt nach ihrem Umsatz (1983)

Unternehmen	Staat	Umsatz (Mrd. Dollar)	Beschäftigte (in 1000)
1. Exxon	USA	226,3	156
2. Royal Dutch/Shell	GB/NL	205,7	160
3. General Motors	USA	190,6	691
4. Mobil Oil	USA	139,5	178
5. British Petroleum	GB	125,6	131
6. Ford	USA	113,6	380
7. IBM	USA	102,7	367
8. Texaco	USA	102,4	58
9. Du Pont de Nemours	USA	90,4	162
10. Standard Oil of Indiana	USA	70,7	57
11. Standard Oil of California	USA	69,9	41
12. General Electric	USA	68,5	340

▲4

5▼

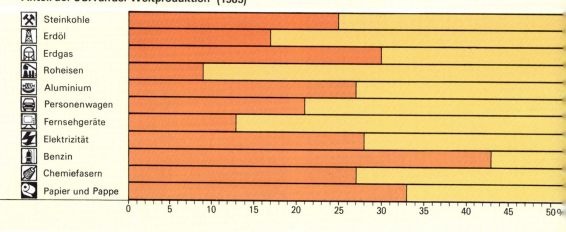
Anteil der USA an der Weltproduktion (1983)

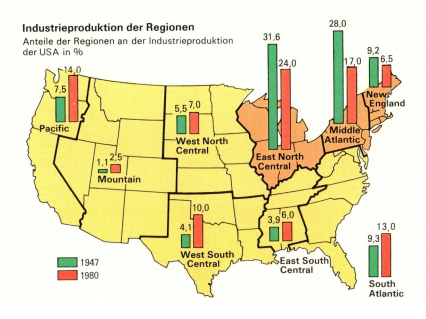

6 ▲

Die USA — führende Industrienation der Erde

1 Über welche amerikanische Unternehmen berichten unsere Tageszeitungen? Ordne diese Betriebe nach Industriezweigen.

2 „Die USA sind die bedeutendste Industrienation der Erde." Werte dazu die Abbildungen 4 und 5 aus.

3 Es gibt etwas „typisch Amerikanisches" in der Entwicklung der USA zur ersten Industrianation. Lies den Text, und notiere entsprechende Hinweise.

4 Suche im Atlas die großen Industriegebiete der USA.

5 Vergleiche die Industrieproduktion im Nordosten der USA, im sogenannten Manufacturing Belt, mit den übrigen Regionen. Verwende Abb. 6.

7 ▼

Typisch amerikanisch?

„Seit einem halben Jahr lebt Peter als Gastschüler in Milwaukee. Auf der täglichen Fahrt zum College gleiten die riesigen Reklametafeln am Straßenrand an ihm vorbei: Kodak, Ford, Coca-Cola, Exxon, Boeing ... Nicht von ungefähr sind ihm all diese Namen zu Hause begegnet, denn Niederlassungen dieser großen Firmen findet man in aller Welt.

‚Warum stehen die USA eigentlich seit langem unangefochten an erster Stelle aller Industrienationen?' überlegt er. ‚Das hängt mit unserer Lebensart zusammen', erklärt Mister Parker beim Abendessen. ‚Bei vielen Amerikanern ist der Pioniergeist aus der Zeit des ‚Wilden Westens' noch immer lebendig. Statt neue Gebiete zu erwerben, stößt man heute in technisches Neuland vor. Wir begeistern uns leicht für jeden technischen Fortschritt. Sicher ist dir bekannt', fährt Mr. Parker fort, ‚daß Henry Ford als erster das Fließband in der Autoproduktion einsetzte. In Amerika begann auch die Automation. So ist es nicht verwunderlich, daß wir heute in vielen Bereichen der Hochtechnologie führend sind. Doch nur Unternehmen, die Mut zum Risiko und gute Einfälle haben, setzen sich schließlich durch. Bei dem unerbittlichen Konkurrenzkampf bleibt natürlich auch mancher auf der Strecke. Ferner sind wir beweglich. Werden uns in irgendeiner Region unseres weiten Landes bessere Lebens- und Arbeitsbedingungen angeboten, ziehen wir ohne Zögern um.

Und unsere großen und weltweit bekannten Unternehmen sind Konzerne! Industriebetriebe mit der gleichen, aber auch solche mit unterschiedlicher Produktion haben sich zu Großbetrieben zusammengeschlossen. Sie werden von einer Zentrale aus geleitet. Auch die hohen Kosten für Werbung und Forschung tragen sie gemeinsam. Die Forschung wird besonders gefördert, denn nur durch sie können wir unsere Spitzenstellung halten. Sie liefert uns das nötige Know-how: das Wissen, wie man neue Materialien und neue Techniken entwickelt und nutzt. Du kannst dir denken, daß ein Konzern billiger und gleichzeitig mit mehr Gewinn produziert als ein einzelnes Unternehmen.' "

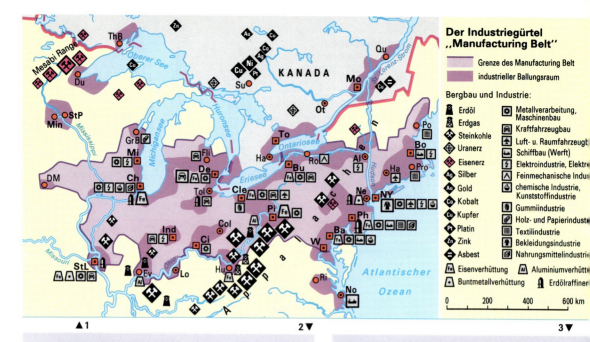

▲1

Pittsburgh

2▼

„Noch vor sechzig Jahren hat das Tal des Monongahela keine Sonne gesehen. Der Mensch hatte darüber eine Wolke geschaffen, die so mächtig und beständig war wie ein gewaltiges Naturphänomen. Sie stammte aus unzähligen Fabrikschloten und verschluckte pro Jahr 7 bis 8 Millionen Tonnen Kohlenasche — eine riesige Verschwendung und zugleich eine wahre Landplage. Die Statistiker berechneten, daß dadurch jeder einzelne der 1 400 000 Einwohner des Allegheny-Bezirks 25 Dollar jährlich Mehrkosten für seine Wäsche hatte. In Pittsburgh war alles schwarz: die Lungen, die Gesichter, die Steine, der Himmel. Das war einmal. Pittsburgh hat seinen Himmel gewaschen." (14)

Heute gilt die Stadt als Modellfall für umweltfreundliche Stadtplanung. Pittsburgh ist noch immer ein wichtiges Industriezentrum und ein bedeutender Verkehrsknoten. Die Stahlindustrie hat ihre führende Stellung gehalten: Die US-Steel Corporation, der größte Stahlproduzent des Landes, hat ihren Sitz in Pittsburgh. Dieser Konzern besitzt Kohlengruben und Kokereien, eine Erzflotte und Erzgruben am Oberen See und in Labrador. Eine einseitige, auf die Stahlproduktion ausgerichtete Struktur der Industrie konnte überwunden werden. So gewinnen Maschinen- und Elektromaschinenbau, Nahrungsmittel- und chemische Industrie an Bedeutung.

3▼

Detroit — Automobilhauptstadt der Welt

Am 6. März 1886 wurde in Detroit die erste pferdelose Kutsche gesichtet. 1908 stellte Henry Ford sein Automodell „Tin Lizzy" vor. So begann die Entwicklung der Autoindustrie in Detroit. Ford hatte erkannt, daß das Auto ein ideales Verkehrsmittel zur Überbrückung der großen Entfernungen in den USA ist. Sein Ziel war, Autos billig und damit für eine breite Käuferschicht herzustellen. So übertrug er 1913 das in den Schlachthäusern benutzte „laufende Band" in die Autofabrikation. Mit diesem Fließband konnte die Produktion schlagartig gesteigert werden.

Immer wieder steht die Automobilmetropole vor großen wirtschaftlichen Problemen. Die Industrie der Stadt ist einseitig strukturiert und damit krisenanfällig. General Motors, mit über 600 000 Beschäftigten eines der größten Industrieunternehmen der Welt, hat seine Hauptverwaltung in Detroit. Das Montagewerk für den Cadillac, das teuerste Auto des Konzerns, befindet sich als einziges noch im Stadtgebiet. Der Pontiac wird in der Stadt gleichen Namens und der Chevrolet in Flint hergestellt.
Gegenwärtig geht es mit der Automobilindustrie wieder aufwärts. Durch den Einsatz von Robotern und automatischer Fertigung konnten die Herstellungskosten gesenkt werden. Immer mehr energiesparende Kleinwagen werden angeboten und gekauft. 1985 war ein Rekordjahr.

Der Manufacturing Belt — das älteste Industriegebiet der USA

Die Industrialisierung der USA begann im frühen 19. Jahrhundert in den Neuengland-Staaten. Bald griff sie von der Küste auf die Appalachen über. Dort gab es reiche Vorkommen an Steinkohle. Die Flöze liegen meist waagerecht und sind bis zu fünf Meter mächtig. Durch die tief ins Gebirge eingeschnittenen Täler sind sie von der Seite zugänglich und können in Stollen kostengünstig abgebaut werden. Auch Eisenerze wurden in der Nähe der Kohlenlager gefunden und zu Roheisen und Rohstahl verhüttet. Zahlreiche verarbeitende Industrien siedelten sich an. Schon vor über 100 Jahren entwickelte sich Pittsburgh am oberen Ohio zur Stahlmetropole, weil in der Nähe beide Rohstoffe vorkamen.

Als die Minen in den Appalachen erschöpft waren, holte man die Erze aus dem Bereich der Oberen Seen. Kanäle und Eisenbahnen stellten die Verbindungen her. Dank der leistungsfähigen Schiffe lohnte es sich, nicht nur die Erze zur Kohle zu transportieren, sondern auf dem Rückweg auch die Kohle zu den Erzen zu führen. Entlang den Verkehrswegen, besonders an den Küsten der Seen, entstanden weitere Industriestädte und Stahlwerke, denn Stahl wurde überall benötigt: für den Eisenbahn- und Lokomotivbau, für Brücken und Hochhäuser.

Das Netz der Industriezentren im Nordosten verdichtete sich und wuchs nach Westen und Süden. So entstand das größte geschlossene Industriegebiet der USA, der **Manufacturing Belt**. Bis heute ist er der wirtschaftliche Kernraum der Vereinigten Staaten und das bedeutendste und leistungsfähigste Industriegebiet der Erde überhaupt. Hier leben und arbeiten zwei von fünf US-Amerikanern.

Sorgen im Manufacturing Belt
- Immer mehr Menschen, vor allem ungelernte Arbeiter, verlieren ihre Stelle.
- Neue Technologien haben Kohle bei der Stahlherstellung fast verdrängt.
- Die Eisenbahn ist nicht mehr das wichtigste Verkehrsmittel. Damit verlor die Stahlindustrie einen Hauptabnehmer.
- Hochwertige Eisenerze können heute mit Großfrachtern auch über weite Entfernungen billig transportiert werden.
- Kunststoff, Aluminium und andere Materialien haben Eisen und Stahl verdrängt.

Mehr Lebensqualität außerhalb der Ballungsräume

In den Großstädten, besonders in den Zentren der Stahlindustrie, steht heute schon jedes dritte Haus leer. Von zehn Amerikanern leben nur noch drei in der Großstadt. Die anderen, vor allem junge Fachkräfte, wohnen lieber in einem Eigenheim auf dem Land. Dort gibt es „saubere" Arbeitsplätze: z. B. in der Elektrotechnik, im Apparatebau, in Druckereien oder anderen Spezialbetrieben. Diese siedeln sich zunehmend in sogenannten **Industrieparks** außerhalb der Städte an. Dort stehen viele eingeschossige kleine bis mittelgroße Betriebe neben Bürogebäuden, Einkaufszentren sowie Wohn- und Sportanlagen inmitten von Grünflächen. Der Autobahnanschluß garantiert eine rasche Verbindung zur Stadt.

Wichtige Industriezweige wandern ab

In den siebziger Jahren verlegte der Coca-Cola-Konzern seine Hauptverwaltung von New York nach Atlanta. Als die Löhne im Manufacturing Belt immer höher stiegen, zogen zahlreiche Textilbetriebe nach Nord- und Südkarolina. Hier arbeiteten ehemalige, meist farbige Landarbeiter für weniger Geld.

Die chemische Industrie hat an der öl- und gasreichen Golfküste nicht nur ihre Raffinerien und Kunststoffabriken. Shell Oil verlagerte seine Verwaltung von New York nach Houston, zwei weitere Konzerne zogen nach Dallas. Produktionsstätten der Elektrotechnik, vor allem jedoch Forschungsabteilungen wurden bevorzugt in Kalifornien, Arizona oder Florida errichtet. Die Staaten im Süden und Westen des Landes bieten nicht nur günstigere Steuerbedingungen, sondern auch gut ausgebildete Fachkräfte. Viele Menschen haben die umweltbelasteten Ballungsräume im Nordosten verlassen. Eine noch nicht so dicht besiedelte Landschaft und ein ganzjährig warmes Klima mit viel Sonnenschein hat sie angezogen. Man nennt die Städte hier deshalb auch **Sunbelt**-Städte im Gegensatz zu den **Snowbelt**-Städten im Nordosten.

Durch diese Verlagerungen nimmt die führende Stellung des Manufacturing Belt unter den Industrieräumen immer mehr ab.

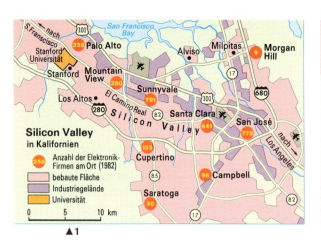

Industriegebiete im Westen der USA

High Technology aus Kalifornien

„Es waren einmal zwei Studenten der Stanford-Universität, die hatten eine Idee. Sie mieteten eine Garage und tüftelten und bastelten, bis ihnen der Bau des ersten Mikrocomputers gelang."

Vor fast 50 Jahren begann im *Silicon Valley* (Tal des Siliziums) das elektronische Zeitalter. Heute stehen hier über 3 000 Elektronikfabriken. Darin entwerfen, entwickeln und testen qualifizierte Ingenieure und Techniker neue Computerprogramme. Wer die besten Ideen hat, kann rasch Millionär werden. Eine große Zahl von Fachkräften, unter ihnen viele Frauen, aber auch Mexikaner, Filipinos, Vietnamesen und Schwarze arbeiten in absolut staubfreien Labors. Ihre Tätigkeit ist anstrengend und gefährlich, ihr Verdienst gering. Sie prüfen die Chips. Das sind Plättchen aus Silizium (englisch: Silicon), so groß wie der Fingernagel eines Babys. Auf ihrer Oberfläche sind feinste, mit bloßem Auge nicht sichtbare Muster eingeätzt. Sie speichern die Informationen der Computer.

3 Silicon Valley

Micro-chip 4

Sorgen und Probleme in Silicon Valley
- Hohe Kosten für den Lebensunterhalt.
- Berufskrankheiten durch Einflüsse von Chemikalien.
- Undichte Tanks mit gefährlichen Lösungsmitteln sowie ungenügend gesicherte Müllkippen für Industrieabfälle verseuchen Boden und Grundwasser.
- Starke Verschmutzung der Luft.
- Streß durch besonders anstrengende Tätigkeit und lange Arbeitszeit (50—80 Wochenstunden).
- Ständiges Bangen um den Arbeitsplatz.
- Starke Konkurrenz: z. B. aus Japan, Hongkong, Südkorea, Taiwan.
- Die Erzeugnisse der Hochtechnologie veralten schnell, die Folge sind Absatzschwierigkeiten.

▲ 5

6 ▲

Silicon Valley — vom Pflaumenhain zum größten Technologiepark

Das Silicon Valley bei San Francisco ist ein langgestrecktes, fruchtbares Tal auf der Ostseite des Kalifornischen Küstengebirges. Aufgrund des milden Klimas wuchsen hier bis vor kurzem noch Pflaumen und Aprikosen. Heute drängen sich in diesem Tal die Elektronikbetriebe. Zusammen mit Bungalowsiedlungen, Einkaufszentren, Schnellstraßen und Flugplätzen bilden sie zwischen San Francisco und San José eine Flächenstadt, in der fast 1,5 Millionen Menschen leben.
Der Camino Real, die Autobahn zwischen den zwei Städten, hat sich zu einer 100 km langen „Geschäftsstraße" entwickelt. An beiden Seiten reihen sich Supermärkte, Schnellrestaurants und Tankstellen.
Die Stanford-Universität in der Nähe von San Francisco ist eine der bedeutendsten Technischen Universitäten des Landes. Sie garantiert den Austausch von Forschung und Praxis.
Immer schneller werden neue Firmen gegründet, und alte verschwinden wieder. Viele Konzerne verlagern ihre Produktionszweige wegen der billigeren Arbeitskräfte in andere Regionen, z. B. nach Phoenix, Dallas, Colorado oder Portland. Allein in den ersten fünf Monaten des Jahres 1985 verloren mehr als 4 000 Beschäftigte in Silicon Valley ihre Stelle.

1 „Gelobtes Land" oder „Hölle"? So weit gehen die Meinungen über das Silicon Valley in Amerika auseinander. Vergleiche die Informationen im Text mit Abb. 3.

Boeing-Jets aus Seattle

Das Wald- und Gebirgsland im pazifischen Nordwesten gehört zu den dünnbesiedelten Räumen der USA. Wegen der randlichen, isolierten Lage spielten nur Holzverarbeitung und Fischfang eine Rolle. An der Küste sowie am Columbia River sind aber auch bedeutende Industriezentren entstanden.
Rüstungsaufträge im Zweiten Weltkrieg gaben den entscheidenden Anstoß für die Entwicklung der Flugzeugindustrie. Eine wichtige Voraussetzung war der Bau des Grand-Coulee-Dammes im Jahr 1942. Mit 168 m Höhe und 1 592 m Länge ist er immer noch einer der großen Staudämme der Welt. Heute liefert eine ganze Kette von Stauseen am Columbia River soviel Strom wie alle Turbinen Frankreichs zusammen. Der pazifische Nordwesten steht an der Spitze der Stromerzeugung in den USA. Hauptabnehmer der Hydroenergie sind die Aluminiumhütten an der Bucht von Seattle. Der Flugzeugbau mit seinem großen Bedarf an Aluminium entwickelte sich zum wichtigsten Industriezweig. Die Boeing Company ist mit über 45 000 Beschäftigten der bedeutendste Arbeitgeber. Seattle, die wirtschaftliche Metropole des Nordwestens, lebt von und mit Boeing!

2 Colorado, Rio Grande und Columbia River sind die bedeutendsten Flüsse im Westen der USA. Verfolge im Atlas ihren Verlauf, und nenne zwei Gründe für die Anlage von Stauseeketten.

3 Seattle, Los Angeles, San Diego, Houston und Kap Canaveral sind die Zentren der Flugzeug- und Raumfahrtindustrie. Suche sie auf einer Atlaskarte.

▲1

▲2 Vor dem Kaufhaus GUM

3▲

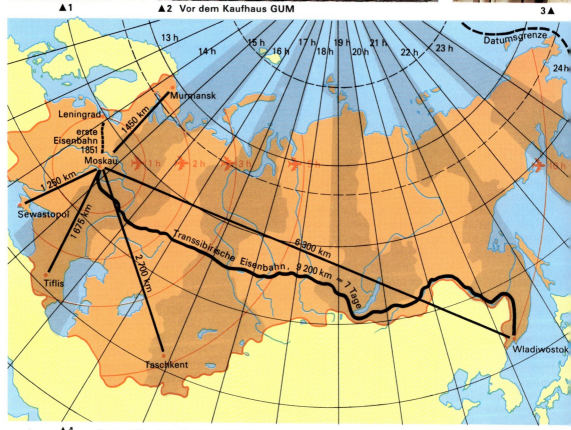

▲4   Taiga 5▼   ▼6 Kreml und Moskwa   Ukraine 7▼

Die Sowjetunion

Was weißt du über das größte Land der Erde?

Die Sowjetunion ist bei weitem der größte Staat der Erde. Auf ihrem Territorium hätte die Bundesrepublik Deutschland neunzigmal Platz! Von den 277 Millionen Einwohnern sind nur gut die Hälfte Russen. Die Sowjetunion ist ein Vielvölkerstaat. Man unterscheidet fast einhundert Nationalitäten. Viele von ihnen haben eine eigene Sprache und Kultur. Sie gehören verschiedenen Religionen an.
Weithin unberührten Naturlandschaften, der Tundra und der Taiga, stehen intensiv genutzte Agrargebiete und Industrieräume gegenüber. Weiteres über Land und Leute erfährst du in den Schilderungen.

1. *Von Westen nach Osten erstreckt sich die Sowjetunion über 170 Längengrade und elf Zeitzonen (Abb. 4). Ein Beispiel: In Moskau ist es 7 Uhr. Wieviel Uhr ist es zur gleichen Zeit in Irkutsk und Wladiwostok?*
2. *Bestimme die Entfernung von Moskau nach Sewastopol, Taschkent und Wladiwostok. Vergleiche mit Strecken in der Bundesrepublik Deutschland (z. B. Hamburg—München: 600 km Luftlinie).*
3. *Diskutiert über die drei Berichte, insbesondere über die Rolle und Stellung der Frau sowie den Lebensstandard in der Sowjetunion.*
4. *Sammelt Zeitungsmeldungen und Bilder über die Sowjetunion. Stellt sie nach Themen zusammen, und vergleicht sie mit den USA.*

8 ▶

Frauen in der UdSSR
,,Der Anteil der Frauen an der Zahl der Beschäftigten ist sehr hoch. In der Industrie sind 49 % der Beschäftigten Frauen, im Bildungswesen über 70 %, im Gesundheitswesen über 80 %. Mehr als die Hälfte aller ‚Spezialisten' mit abgeschlossener Hochschulbildung sind Frauen. In leitenden Funktionen finden sich Frauen dagegen selten, in politische Führungspositionen rücken sie kaum auf. Da der Lebensstandard immer noch niedrig ist, es immer noch an Dienstleistungen mangelt, zeitsparende Haushaltsmaschinen noch nicht selbstverständlich sind, ist die Doppelbelastung der Frau durch Erwerbstätigkeit und Haushalt groß. Im Landesdurchschnitt arbeiten Frauen mehr als sieben Stunden außerhalb ihres Berufes, das ist fast eine zweite Schicht." (15)

Löhne und Preise
,,Andrej verdient als Ingenieur an einem Forschungsinstitut 120 Rubel (1 Rubel ist etwa 2,70 DM), seine Frau Ljuba als Lehrerin 105 Rubel im Monat. Vom Verdienst her stellen sie somit eine typische Sowjetfamilie dar. Für ihre Wohnung von 34 m² bezahlen sie nur 16 Rubel, für die ganztägige Betreuung ihrer vierjährigen Tochter im Kindergarten 15 Rubel. 130 Rubel im Monat benötigen sie für die Lebenshaltung. ‚Besondere Anschaffungen', erzählt Andrej, ‚können wir uns nur gelegentlich erlauben. Für weniger als 100 Rubel bekomme ich kaum einen vernünftigen Anzug, für ein Paar nette Schuhe muß ich 30 bis 40 Rubel hinlegen. Ein Kleid kostet durchschnittlich 45 Rubel, und sogar Kinderschuhe kommen auf 12 bis 18 Rubel — falls man welche erhält.'" (16)

Umweltschutz — bisher ein Fremdwort
,,Das Asowsche Meer ist zum Spülbecken für den industriellen Süden Rußlands geworden. Der Sauerstoffmangel führt zum Massensterben von Fischen. Dieses einst fischreichste Gewässer der Erde konnte noch um 1950 die ganze Sowjetunion mit Fisch versorgen. Bis heute ist der Ertrag auf ein Neunzigstel gesunken."

,,Die 230 000 Einwohner von Ust-Kamenogorsk in Kasachstan atmen Luft mit einer Bleikonzentration ein, die vierzehnmal höher ist als die in EG-Staaten zulässigen Grenzwerte. In Temirtau bei Karaganda übertreffen Quecksilbermengen in der Luft die Normen um das Sechzigfache." ,,Jedes sowjetische Kraftfahrzeug belastet die Umwelt viermal so stark mit Schadstoffen wie ein amerikanisches Auto."

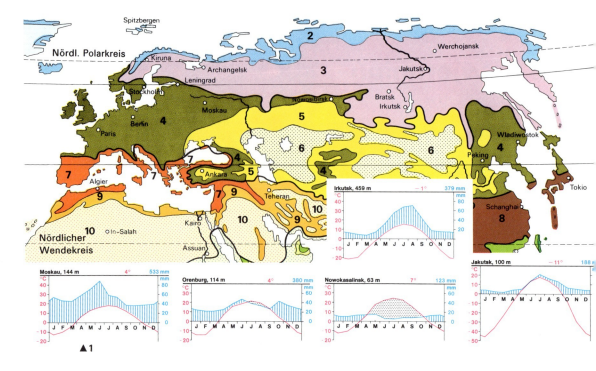

▲ 1

Die Klimazonen

Winter in Sibirien

„Freunde in Moskau hatten uns gewarnt: Es sei sinnlos, zu Filmaufnahmen bei Temperaturen unter 45 °C nach Sibirien zu fahren. Von den Städten, Maschinen und Menschen sähe man dann nur eins: Dampf. Und es schien, als sollten sie recht behalten. Am ersten Tag unserer Reise in die Region Jakutsk, das kälteste aller kalten Gebiete Sibiriens, zeigte das Thermometer 50 °C unter Null. Hier, 7 000 km östlich von Moskau, verzweifelte unser Kameramann, weil er in der Tat nur Dampf sah. Unser Tontechniker stellte sein Gerät in die Ecke, weil in der Kälte die Batterien versagten. Doch dann wurde alles anders, es wurde warm — minus 35 Grad.

Sibirien, das ‚schlafende Land', doppelt so groß wie die Vereinigten Staaten von Amerika und fünfzigmal so groß wie die Bundesrepublik Deutschland, reicht vom Ural bis zum Stillen Ozean, von der Wüste Gobi bis zum Eismeer. Werchojansk ist das Ziel unserer Reise. Dieser Ort nördlich des Polarkreises gilt mit −68 °C als einer der Kältepole der Erde. Die meisten der 2 000 Einwohner von Werchojansk leben von der Holzwirtschaft und von der Jagd.

Wir fragen die Bürgermeisterin nach den Problemen ihrer Stadt. ‚Obwohl wir am Kältepol leben, haben wir keinerlei Schwierigkeiten, die mit der Kälte zusammenhängen', lautet ihre für uns erstaunliche Antwort. — ‚Sie träumen also

▼ 2 In der Taiga

nie von der Krim?' — ,Nein. Ich bin hier geboren, dies ist meine Stadt. Wir Jakutier halten es nirgendwo anders länger aus. Die schwierigen Lebensbedingungen sind für uns eine Herausforderung. Gegen die Kälte kann man sich schützen. Man trägt einfach pelzgefütterte Mäntel und Stiefel aus Elchfell. Nur wenn der Buran, der eisige Schneesturm, tobt, ist es draußen gefährlich. Fragen Sie doch die jungen Leute. Alle wollen sie später hier bleiben. Dies ist unsere Heimat.'

Der Weg von Werchojansk in die Außenwelt — es gibt ihn nur im Winter. Wir befinden uns nämlich auf dem Eis der Jana. Der Fluß bildet von Dezember bis April neben dem Flugzeug die einzige Verbindung mit anderen Siedlungen. Straßen gibt es hier nicht. Im Sommer würden sie ohnehin im Schlamm versinken. Das Eis, auf dem Wagen und Autos fahren, ist über einen Meter dick. Wenn es zu tauen beginnt, werden die Verkehrsschilder wieder eingesammelt.'' (17)

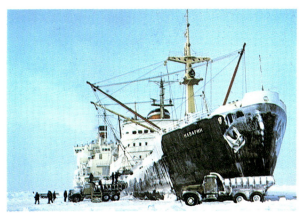

Frachter ,,Navarin'' 3▲

▲4 Transport in Jakutien   Norilsk im März 5▼

Kombinat in Sibirien 6▼

1 Die Jakutier sind eine eigene Rasse. Sie haben auch eine eigene Sprache. Nur wenige sprechen etwas Russisch. Wie andere sibirische Völker haben sie mit den ungünstigen Naturbedingungen zu kämpfen. Werte den Text und die Fotos 2 bis 6 aus.

2 Welch ein Gegensatz zwischen dem Seeklima West- und Mitteleuropas und dem **Landklima** (Kontinentalklima) der Sowjetunion! Vergleiche mit Hilfe der Werte die Stationen Werchojansk (Anhang) und Kiel (s. S. 22) miteinander: Temperatur im Januar und Juli, jährliche Schwankung der Durchschnittstemperatur, Vegetationszeit (Zahl der Tage mit einer Mitteltemperatur von über 5 °C), Höhe und Verteilung der Niederschläge.

3 Fasse nun die Merkmale des Kontinentalklimas in einer Regel zusammen.

4 Der Grad der Kontinentalität nimmt nach Osten hin zu. Erläutere und begründe dies anhand der Klimadiagramme oben.

5 An welchen Klimazonen hat die Sowjetunion vorwiegend Anteil? (Abb. 1.) Die Farben und Zahlen sind auf der Klimakarte der Erde (vorderer Einband) erklärt.

6 Ordne die Klimastationen und die Fotos der Klimakarte zu.

7 Durch welche Klimazonen fließen Wolga, Ob, Lena und Amu-Darja?

▲1

Die Vegetations- und Anbauzonen

Die **Tundra** liegt im nördlichen Teil der Sowjetunion. Dieser weite und einförmige Raum nimmt eine Fläche von 3 Mio. km² ein. Hier, nördlich des Polarkreises, bleibt die Durchschnittstemperatur selbst im wärmsten Monat unter 10 °C, so daß der Boden im kurzen Sommer nur oberflächlich auftaut. Der **Dauerfrostboden** sowie die häufigen Stürme lassen nur zur Taiga hin kümmerliche und niedrige Bäume aufkommen. Dennoch entfaltet sich während der langen Sommertage eine erstaunlich üppige Pflanzenwelt. Zu Zwergbirke, Weide, Heidel-, Preisel- und Rauschbeeren gesellen sich Flechten, Moose und verschiedene Blütenpflanzen. Die Tundra ist ein Land der Sümpfe und Seen, obwohl die Niederschläge weniger als 400 mm im Jahresmittel betragen. Das Schmelz- und Regenwasser kann nämlich im ständig gefrorenen Untergrund nicht versickern. Wegen der ungünstigen Naturbedingungen ist die Tundra äußerst dünn besiedelt. Ackerbau ist nicht möglich. Ursprünglich lebten hier die Samojeden und Ostjaken.

Die **Taiga** umfaßt mit 11 Mio. km² beinahe die Hälfte der sowjetischen Staatsfläche. Sie ist das größte Waldgebiet der Erde: ein unendliches Nadelwaldmeer mit weithin gleichen Baumbeständen aus Lärchen (66 %), Kiefern (19 %) und Fichten (15 %). In der Taiga steht immerhin ein Fünftel der gesamten Weltvorräte an Holz. Derzeit wird nur ein kleiner Teil des Waldes genutzt. Der Abtransport des Holzes beschränkt sich bisher auf wenige Gebiete, z. B. um Murmansk, Archangelsk und Workuta. Der übrige Nadelwaldgürtel mit seinen langen und kalten Wintern und schwer zugänglichen Sumpfzonen ist bisher kaum erschlossen. Die sibirischen Flüsse sind in ihren Unterläufen acht Monate im Jahr durch Eis blockiert.

Am Südrand der Taiga werden immer größere Rodungsinseln in das Waldland geschlagen. Doch sind hier, an der **Kältegrenze** des Ackerbaus, die Voraussetzungen für die Landwirtschaft wegen der kurzen Vegetationsperiode von weniger als 100 Tagen und der unfruchtbaren Böden nicht günstig.

▲ 2 Tundra Taiga 3 ▼

Die **Mischwaldzone** (etwa 3 Mio. km²) schließt südlich an die Taiga an. Dieses Gebiet liegt überwiegend im europäischen Teil der Sowjetunion. Es gehört zur Westwindzone. Feuchte atlantische Luftmassen können hier ungehindert einströmen. Die Niederschläge fallen vorwiegend im Sommer. Kennzeichnend für die ganze Region ist das Klima Moskaus. Die Eiche, Charakterbaum dieser Zone, erträgt Winter mit 100 bis 160 Schneetagen. Als weitere Laubbäume gedeihen Ahorn und Linde, im Südwesten auch die Buche. Daneben stehen die Nadelbäume der Taiga: Lärche, Fichte und Kiefer. Die Mischwaldzone war von Natur aus durchgängiger als die eintönigen Nadelwälder des Nordens. Außer den unfruchtbaren Bleicherden (Podsolböden) kommen inselhaft fruchtbare, schwarze Böden vor. Diese regten eine starke Rodungs- und Siedlungstätigkeit an. Die Bevölkerungsdichte ist hier um ein Mehrfaches höher als der Landesdurchschnitt von 12 E./km². In diesem Raum konnte sich Moskau zur Hauptstadt entwickeln.

Die **Steppenzone** hat eine Fläche von 4 Mio. km² und ist unter allen Naturräumen der Sowjetunion am stärksten umgestaltet worden. Weite Weizen-, Mais-, Zuckerrüben- und Sonnenblumenfelder prägen diese heutige „Kultursteppe". Das einstige Grasland ist nur noch in Resten erhalten.
Das Steppenklima zeichnet sich durch lange, warme Sommer und mäßig kalte Winter aus. Die Vegetationsperiode liegt zwischen 180 und 210 Tagen. Die Frühjahrsregen in Verbindung mit der Schneeschmelze führen oft zu katastrophalen Überschwemmungen. Die steilen Taleinschnitte verwandeln sich in reißende Bäche; unbefestigte Wege sind dann unpassierbar. Das Ausmaß der Frühjahrsniederschläge entscheidet aber auch über die Ergiebigkeit der Ernte. Jahren mit Rekordernten stehen Mißernten gegenüber. Zwischen den Monaten Juni und August fürchten die Bauern den Suchovei, einen heißen Steppenwind, der die Ähren auf den Halmen verdorren läßt und staubbeladen die Sonne verdunkelt.

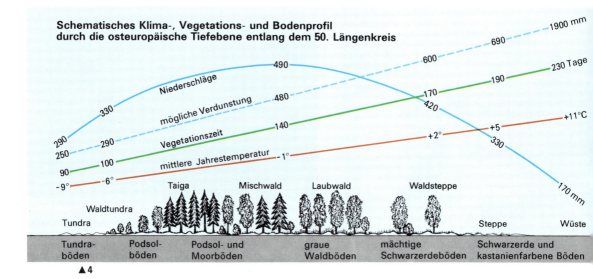

Schematisches Klima-, Vegetations- und Bodenprofil durch die osteuropäische Tiefebene entlang dem 50. Längenkreis

▲ 4

Die fruchtbaren **Schwarzerdeböden** machten die Steppenzone zur Kornkammer der Sowjetunion. Infolge geringer Niederschläge wird der Boden wenig ausgelaugt. Er ist daher reich an Nährstoffen. Voraussetzung für die Bildung der Schwarzerde sind Gräser und Kräuter, die mit ihrem dichten Wurzelwerk den Boden durchdringen. Im kalten Winter findet keine Zersetzung der Pflanzen statt. Nach und nach entsteht Humus. Dieser schwarz gefärbte, mineralreiche Boden hat eine Mächtigkeit bis zu einem Meter erreicht. Selbst bei starker Nutzung geht die Bodenfruchtbarkeit nur wenig zurück. Allerdings ist die Schwarzerde bei einseitigem Ackerbau für die **Bodenerosion** besonders anfällig.

Die Waldsteppe und Steppe (Abb. 4–6) wurden abwechselnd von verschiedenen Nomadenvölkern beherrscht. So entwickelte sich die geschützte Mischwaldzone trotz ungünstigerer natürlicher Voraussetzungen zum dichtbesiedelten Kernraum Rußlands. Hier, im **Städtedreieck** zwischen Kiew, Kasan und Leningrad, lag der Ausgangspunkt des russischen Reiches. Die Hauptstadt Moskau wurde später auch zum industriellen Zentrum des Landes. Der jahrhundertelange Kampf zwischen dem Moskauer Reich und den Tataren war weitgehend eine Auseinandersetzung zwischen den seßhaften Bauern des Waldlandes und dem Nomadentum der Steppe.

▼ 5 Waldsteppe

Im Schwarzerdegebiet 6 ▼

Zwischen Kaspischem Meer und Balchaschsee, südlich des 50. Breitenkreises, geht die Steppe allmählich in die **Wüste** über. Hier, jenseits der **Trockengrenze des Ackerbaus,** liegen die Niederschläge unter 200 mm, so daß Anbau nur mit Hilfe künstlicher Bewässerung möglich ist. Wegen des spärlichen Pflanzenwuchses sind die Böden humusarm und oft salzhaltig. Dorngestrüpp und harte, weitständige Grasbüschel erlauben nur eine bescheidene Weidewirtschaft mit Schafen und Kamelen. Die Höchsttemperaturen können bis auf 50 °C im Schatten ansteigen.

Die Niederung zwischen Kaspischem Meer und Balchaschsee ist eines der großen abflußlosen Gebiete der Erde. Die meisten Flüsse versickern in der Wüste. Nur einige wasserreiche **Fremdlingsflüsse** wie der Amu-Darja und Syr-Darja erreichen die großen Binnenseen. Dichtbesiedelte Gebirgsfuß- und Flußoasen bilden von alters her die Lebensräume der Turkmenen und Tadschiken. Bewässerungskanäle erschließen in den Wüsten Kysylkum und Karakum neues Kulturland. So kann die Sowjetunion heute den Weltmarkt mit Baumwolle beliefern.

Allerdings wächst das Problem der Versalzung, und der Wasserspiegel des Aralsees sinkt mit der Ausdehnung des Bewässerungslandes besorgniserregend ab. Dies gilt auch für das Kaspische Meer, dem die Wolga seit Errichtung riesiger Stauanlagen immer weniger Wasser zuführt.

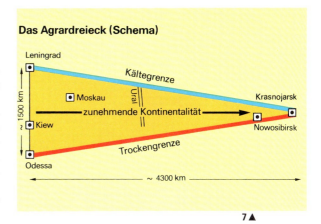

7 ▲ Das Agrardreieck (Schema)

1 Studiere die Berichte über die einzelnen Vegetations- und Anbauzonen. Lege nach dem Muster in Abb. 9 eine Tabelle an.

2 Abb. 4 zeigt die Vegetationszonen im europäischen Teil der Sowjetunion entlang dem 50. Längenkreis. Begründe, warum nur Mischwald-, Laubwald-, Waldsteppen- und Steppenzone für den Ackerbau geeignet sind.

3 Das **Agrardreieck** ist der Kernraum der Sowjetunion. Beschreibe und erkläre seine Lage und Ausdehnung. Erläutere dabei auch die in Abb. 7 genannten Begriffe.

4 Ein **Fremdlingsfluß** entspringt in einem niederschlagsreichen Gebiet und durchquert ohne weitere Zuflüsse die Wüste. Er bezieht sein Wasser also aus einem klimatisch „fremden Raum". Suche die Quellgebiete von Amu-Darja und Syr-Darja auf, und nenne weitere ähnliche Beispiele auf der Erde.

▼ 8 Wüste in Usbekistan

9 ▼

Gebiet	Tundra	Taiga	Misch-wald	Steppe	Wüste
Temperatur im Januar					
Temperatur im Juli					
Jahres-schwankung der Temperatur					
Jährliche Niederschläge					
Vegetations-periode					
Art der Böden					
Eignung für die Landwirtschaft (günstig — wenig günstig — ungünstig)					

1

2

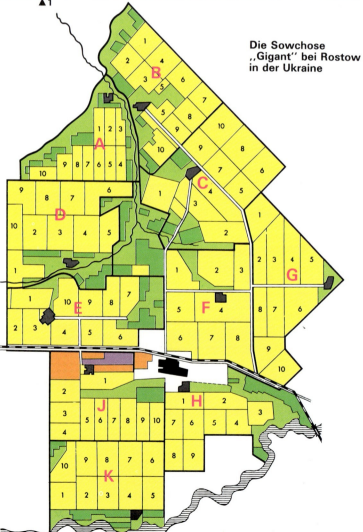

Die Sowchose „Gigant" bei Rostow in der Ukraine

- Zentralsiedlung mit Sitz der Betriebsleitung, Schule, Geschäft, Klub, Kino sowie Wirtschaftsgebäuden (Maschinenschuppen, Reparaturwerkstätten, Getreidelager, Silos)
- Abteilungssiedlung A–K
- Grenzen der Sowchosabteilungen
- Getreide (Feldblöcke)
- Futter (Wiese)
- Weide
- Rebland
- Garten

0 5 km

3

4

Die kollektive Landwirtschaft

Sowchosen

In der Sowjetunion gibt es 20 500 **Sowchosen.** Die meisten liegen in den Neulandgebieten Kasachstans und Sibiriens. Eine Sowchose bewirtschaftet im Durchschnitt eine Fläche von 17 600 ha. Sie ist Versuchs- und Mustergut, das als Vorbild für die Kolchose dient. Die Neulandgebiete liegen nahe der Kältegrenze und nahe der Trockengrenze. Mißernten sind daher häufig. Doch die „Sowchosniki" erhalten wie Fabrikarbeiter vom Staat einen festen Lohn, unabhängig vom jeweiligen Ertrag.

Anfangs waren die Sowchosen stark spezialisiert. Manche Betriebe produzierten fast ausschließlich Getreide oder Baumwolle, andere vorwiegend Kartoffeln, Gemüse, Obst oder Fleisch. Inzwischen geht man aber immer mehr zur gemischten Landwirtschaft über. Die riesigen Felder werden wie in den USA zunehmend in Streifen eingeteilt. Bei dieser Anbaumethode, dem sogenannten **Strip-farming,** wechseln Getreidefelder, Parzellen mit Feldfutter, Kartoffeln sowie brachliegende Flächen miteinander ab. So läßt sich die rasche Erschöpfung der Böden verhindern. Gleichzeitig ist das Strip-farming in Verbindung mit der **Fruchtwechselwirtschaft** ein wirksamer Schutz gegen die Bodenerosion.

Die Familien der Sowchosenarbeiter leben häufig in Wohnblocks und zum Teil in Einfamilienhäusern. So sehen die Zentralsiedlungen geradezu städtisch aus. Ziel der sowjetischen Regierung ist es, allen Menschen auf dem Lande dieselben Lebensbedingungen zu bieten wie den Stadtbewohnern. Für die Altersversorgung der „Sowchosniki" sorgt der Staat. Jede Familie darf ein Stück Land von 0,5 ha privat bewirtschaften. Für besonders fleißige Arbeit werden Prämien gezahlt. Dennoch herrscht auf vielen Sowchosen ein ständiger Wechsel von Arbeitskräften. Viele Menschen wollen der Eintönigkeit des Landlebens entfliehen und ziehen in die Stadt.

1 *Nenne Merkmale der Sowchosen. Werte die Karte (Abb. 3) und die Texte aus.*

2 *Wie leben und arbeiten Sowchosniki und Kolchosniki im Vergleich zu Bauern bei uns? (Abb. 1, 2 und Abb. 8 S. 71 sowie Text).*

5 ▼

Auf einer Sowchose

„Am Nordrand des Kaukasus, beiderseits des Flusses Kuban, liegt eines der fruchtbarsten Agrargebiete der Sowjetunion. Ein Besuch in der Großstadt Krasnodar hinterläßt widersprüchliche Eindrücke: Auf den Balkonen der eher häßlichen Betonhochhäuser hängt Wäsche an der Leine. Die Hinterhöfe sind mit Unkraut überwachsen. Gleich daneben laden gemütliche Straßencafés mit weißen Sonnenschirmen und gepflegte Parkanlagen zum Verweilen ein. Krasnodar wirkt südlich und freundlich, ganz anders als z. B. Moskau. Auf der fast 20 000 ha großen Sowchose ‚Rotarmist' wird uns klar, warum das Kuban-Gebiet zusammen mit der Ukraine als Kornkammer der Sowjetunion gilt. Weizen- und Reisfelder auf fruchtbarem Schwarzerdeboden, so weit das Auge reicht. 50 dt Weizen je Hektar werden noch nicht einmal als Spitzenergebnis angesehen. Auch Obst, Fleisch, Milch, Fisch und Wolle werden hier erzeugt. In diesem Staatsgut sind 4 000 Arbeiter und Angestellte beschäftigt — insgesamt leben auf der Sowchose etwa 9 000 Menschen. Mit 200 Rubel pro Monat (etwa 560 DM) liegen die Löhne um zehn Prozent über dem durchschnittlichen Einkommen in der Sowjetunion. Etwa die Hälfte der Familien wohnt in Eigenheimen, die andere Hälfte in staatlichen Wohnblocks. Die Miete ist sehr niedrig. Eine Fünfzimmerwohnung, die allerdings nur eine Fläche von 50 m² hat, kostet etwa 100 Rubel im Jahr. Auch wenn das Badezimmer gekachelt ist, muß man das Wasser trotzdem im Garten holen!

Zur Sowchose gehören ein kleines Krankenhaus, einige Schulen, ein Kulturpalast mit Theater und Bibliothek, Sportanlagen und ein Rummelplatz. Der Besuch des Kindergartens, Ferienaufenthalte für Schüler in Pionierlagern und für Erwachsene in eigenen Erholungsheimen sind kostenlos.

Betrachtet man dieses Mustergut, möchte man meinen, daß die Landwirtschaft in der Sowjetunion eine Spitzenstellung einnimmt. Doch die Wirklichkeit sieht anders aus. In russischen Zeitungen war neulich zu lesen, daß es selbst in dem von der Natur gesegneten Kuban-Gebiet 187 Sowchosen und Kolchosen gibt, die nicht mit Gewinn arbeiten."

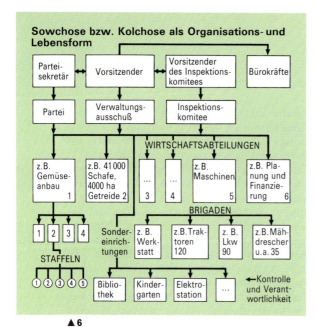
▲ 6

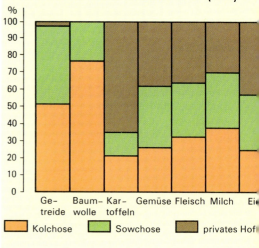
7 ▲

Kolchosen

Neben den Sowchosen gibt es in der Sowjetunion noch eine andere Art landwirtschaftlicher Großbetriebe: die **Kolchosen**. Bis zum Zweiten Weltkrieg gab es nur diese Betriebsform. Gegenwärtig gibt es 25 900 Kolchosen bei einer durchschnittlichen Fläche von 6 700 ha. Ihre Zahl geht zugunsten der Sowchosen aber immer mehr zurück.
Durch die **Kollektivierung** verloren die Bauern den größten Teil ihres Eigentums. Die Wohnhäuser blieben jedoch privater Besitz. Ferner hat jede Familie Anspruch auf ein Stück **privates Hofland** von 0,5 ha und einige Stück Vieh.
Auch die Kolchosen werden kollektiv – d. h. von allen Mitgliedern gemeinsam – bewirtschaftet. Zumindest nach dem Gesetz gelten sie als selbständige Betriebe. Doch müssen sie ihre Produkte an den Staat verkaufen, der die Preise festlegt. Da die Preise recht niedrig sind, ist auch der Lebensstandard der „Kolchosniki" von jeher nicht hoch. So klagen Partei und Regierung immer wieder darüber, daß sich die Landbewohner zu wenig einsetzen und die Erträge in der Landwirtschaft zu gering sind.

1 Beschreibe die Organisationsform einer Kolchose (Abb. 6).

2 Das private Hofland spielt für die Versorgung der Bevölkerung eine bedeutende Rolle (Abb. 7)!

Die neueste Entwicklung der sowjetischen Landwirtschaft

Damit die Sowjetbürger besser mit Lebensmitteln versorgt werden können, verfolgt das neue Agrarprogramm andere Ziele:

● Die Löhne der Kolchosmitglieder sollen sich stärker an der Leistung des einzelnen orientieren;
● Kolchosen und Sowchosen gehören in Zukunft einem **agrar-industriellen Komplex** an. Ein solcher AIK umfaßt außerdem: die Zulieferindustrie, das Transport- und Lagersystem, die Lebensmittelindustrie und den Handel. Im Agrarprogramm heißt es dazu: „Das Programm vereinigt die Arbeit der Landwirtschaft mit den ihr dienenden Zweigen — der Industrie, des Transports und des Handels. Es unterwirft die Mitarbeiter dieser Zweige dem allgemeinen Endziel: die Produktion qualitativ guter Lebensmittel und ihre Weiterleitung bis zum Verbraucher."
● Die private Landwirtschaft soll gefördert werden und gleichberechtigt neben Sowchose und Kolchose stehen.

3 Nenne mit Hilfe des Textes auf Seite 125 wenigstens vier Gründe für die Leistungsschwäche der sowjetischen Landwirtschaft.

4 Ordne die Tabelle (Abb. 8), und stelle die Merkmale der Farm und der Kolchose bzw. Sowchose einander gegenüber.

Die Landwirtschaft ist immer noch nicht leistungsfähig

„Bilder von Mähdrescherkolonnen auf unübersehbaren Schwarzerdefeldern, ganzen Gebirgen aus Baumwolle unter dem blauen Himmel Usbekistans, von lächelnden Frauen bei der Weinlese und von selbstbewußten Traktoristen vermitteln in der Sowjetunion nun schon seit Jahrzehnten einen Eindruck von der Landwirtschaft als einem Wirtschaftszweig von zentraler Bedeutung und fast unbegrenzter Leistungskraft. Folgende Beispiele widerlegen dies: In der UdSSR arbeiten 22 von 100 Erwerbspersonen auf dem Land. Sie sind aber nicht in der Lage, die Bevölkerung quantitativ und qualitativ ausreichend zu versorgen. Schlangen vor den Lebensmittelläden gehören zum alltäglichen Straßenbild. In vielen Jahren ist das Land von großen Getreideeinfuhren abhängig. Ein Kolchosnik oder Sowchosnik ernährt nur zehn weitere Personen, ein Bauer in der Bundesrepublik Deutschland vierzig. Ein US-amerikanischer Farmer versorgt sogar 50 Personen; darüber hinaus produziert er Überschüsse für den Weltmarkt.

Die Leistungsschwäche der sowjetischen Landwirtschaft hat viele Ursachen. In der Regel werden entschuldigend die naturräumlichen Voraussetzungen hervorgehoben: die Kürze der Vegetationszeit im Norden, die Trockenheit im Süden und beides zusammen im kontinentalen Osten. Aber zwischen den klimatischen Risikobereichen gibt es große Räume mit einem günstigen Klima und besten Böden. Daß gegenwärtig die Zentren der Getreideproduktion in Gebieten mit einem hohen Klimarisiko liegen, ist die Folge früherer politischer Entscheidungen. Schuld an der geringen Produktionskraft der Landwirtschaft sind bis heute Fehler in der staatlichen Planwirtschaft und die schwerfällige Organisation der Betriebe. Wo die Kolchosniki und Sowchosniki ihre Privatinitiative entfalten können, liegt der Ertrag um ein Vielfaches höher." (18)

Weitere Ursachen der Leistungsschwäche:
- Die Hälfte der Getreidefläche erhält keine künstliche Düngung.
- Aus Mangel an Maschinen können landwirtschaftliche Arbeiten nicht termingerecht erledigt werden; das führt zu jährlichen Ernteausfällen von 20 %.
- Etwa 10—15 % des Kunstdüngers gehen auf dem Wege von der Fabrik zu den Feldern „verloren".
- Eine unzeitgemäße Ernährung des Viehs führt zu einem fast doppelt so hohen Futteraufwand wie in den USA.
- Der Milchertrag liegt bei einem Drittel der bei uns üblichen Menge.

Farm — Kolchose/Sowchose

- Grund und Boden sind privates Eigentum.
- Grund und Boden sind Eigentum des Staates.
- Durchschnittliche Größe eines landwirtschaftlichen Betriebs: etwa 100 ha.
- Durchschnittliche Größe eines landwirtschaftlichen Betriebs: 6 000 bzw. 21 000 ha („landwirtschaftliche Fabrik").
- 22 % aller Erwerbstätigen sind in der Landwirtschaft beschäftigt.
- 5 % aller Erwerbstätigen sind in der Landwirtschaft beschäftigt.
- Eine landwirtschaftliche Arbeitskraft ernährt 10 Personen.
- Eine landwirtschaftliche Arbeitskraft ernährt 50 Personen.
- Die landwirtschaftlichen Erwerbspersonen sind Arbeiter oder Angestellte.
- Der landwirtschaftliche Betrieb richtet sich nach dem Markt und kann seine Produktion rasch verändern.
- Die straffe Planung (Planwirtschaft) und die schwerfällige Organisation verhindern eine rasche Marktanpassung.
- Hoher Grad der Mechanisierung.
- Produktion und Verdienst beruhen in geringem Maße auf der Leistung des einzelnen.
- Der Unternehmer entscheidet über Erzeugung und Absatz und trägt das volle Risiko.
- Die einzelne landwirtschaftliche Arbeitskraft trägt nur ein geringes Risiko, ist an der Unternehmensführung des Betriebs aber auch kaum beteiligt.
- Produktionsverluste infolge Mangels an Maschinen, fehlender Düngung, Arbeitsunlust einzelner, mangelnder Pflege und Wartung.
- Hohe Überschüsse der Landwirtschaft, Belieferung des Weltmarktes.
- Abhängigkeit der Landwirtschaft vom Weltmarkt (Getreideeinfuhren).
- Die landwirtschaftlichen Erwerbspersonen besitzen ein Einfamilienhaus mit städtischer Inneneinrichtung, hoher Lebensstandard (Auto).
- Leben in Holzhäusern oder Wohnblocks mit geringer Wohnfläche und bescheidener Ausstattung, vergleichsweise niedriger Lebensstandard (kein Auto).
- Der Inhaber eines landwirtschaftlichen Betriebs ist selbständiger Unternehmer.

Die Neulandaktion in Kasachstan

Die Erträge der sowjetischen Landwirtschaft schwanken von Jahr zu Jahr erheblich. Mißernten und eine mangelhafte Organisation führen immer wieder zu einer Verknappung der Lebensmittel. Käuferschlangen vor Geschäften gehören bis heute zum gewohnten Bild in den Städten. Um von westlichen Getreideeinfuhren unabhängig zu werden, faßte das Zentralkomitee der Kommunistischen Partei im Februar 1954 den Beschluß, neues Ackerland zu erschließen. Eine Intensivierung der Landwirtschaft in den alten Anbaugebieten wäre aufwendiger gewesen.

Unmittelbar nach der Entscheidung des Zentralkomitees wurden 69 Expeditionstrupps mit der Vorbereitung der Neulandaktion beauftragt. Ihnen gehörten Bodenkundler, Agrar- und Baufachleute sowie die zukünftigen Leiter der neu zu gründenden landwirtschaftlichen Betriebe an. Noch im selben Jahr entstanden 87 Getreidesowchosen mit Flächen zwischen 25 000 und 30 000 ha. Bis 1963 stieg ihre Zahl auf 492 an. 19 Mio. ha Steppe waren bis dahin umgepflügt, ein Gebiet von der fünffachen Größe Baden-Württembergs!

Die ersten Jahre der Neulandaktion zeigen die Schwierigkeiten am deutlichsten, mit denen die Pioniere dieses gigantischen, staatlich gelenkten Projekts zu kämpfen hatten:

● Wegen der kurzen Vegetationsperiode und wegen der unregelmäßig fallenden Niederschläge mußten die Feldarbeiten fast ständig unter Zeitdruck ausgeführt werden. Mangelnde Sorgfalt war die Folge.

● Um das Plansoll zu erfüllen, wurde Raubbau am Boden betrieben. Ohne künstliche Düngung gingen die Weizenerträge auf zum Teil weniger als 5 dt/ha zurück.

● Während der Wachstumszeit im Frühjahr

bleibt der Regen in manchen Jahren aus. Hier, am Rande der **Trockengrenze,** sind Mißernten daher recht häufig.

● Auf den riesigen brachliegenden Getreidefeldern konnte sich der Wind voll entfalten. Staubstürme verdunkelten oft tagelang die Sonne. In Trockenzeiten wurden immer wieder mehrere Zentimeter der fruchtbaren Ackererde ausgeblasen. Die **Bodenerosion** war zum größten Problem des Neulandes geworden.

Die katastrophale Mißernte des Jahres 1963 bildete schließlich den Anlaß, sich mit den Ursachen der Erosion zu beschäftigen. Davon hing der Erfolg oder Mißerfolg des gesamten Neulandprogramms wesentlich ab. Fachleute reisten nach Nordamerika, um in den dortigen Steppengebieten Methoden der Landbestellung zu studieren. Während der Boden anfangs tief umgepflügt wurde und der Winderosion damit eine gute Angriffsfläche bot, lockert man ihn heute nur noch oberflächlich auf. Ferner eggen die Traktoristen die Felder regelmäßig, um einerseits das Einsickern des Regenwassers zu erleichtern und andererseits die Verdunstung herabzusetzen. Auch bleibt jeweils bis zu einem Viertel der Fläche einer Sowchose brach liegen. So läßt sich in Verbindung mit einer beginnenden Fruchtwechselwirtschaft die rasche Erschöpfung der Böden vermeiden. Schließlich ersetzt der ertragreichere, wenn auch frostempfindlichere Winterweizen zum Teil den Sommerweizen. Seine Aussaat erfolgt im August ohne klimatisches Risiko und ohne Zeitdruck.

Zwar liegen die durchschnittlichen Hektarerträge bei Weizen mit knapp 10 dt infolge fehlender Düngung noch weit unter denjenigen der Ukraine (25 dt/ha), dennoch kann man Kasachstan heute als die zweite Kornkammer der UdSSR bezeichnen. In guten Erntejahren entfällt bereits ein Fünftel der gesamten Getreideproduktion des Landes auf diese Unionsrepublik. Dieser späte Erfolg der Neulandaktion ist nicht zuletzt darauf zurückzuführen, daß sich die Parteiführung unter Breschnew entschloß, die Arbeitskräfte im Neuland für gute Leistungen erheblich besser zu entlohnen.

[1] Anhand der Karte (Abb. 1) kannst du die Abfolge der natürlichen Vegetationszonen Kasachstans beschreiben.

[2] Im Text findest du mehrere Gründe, warum der Neulandaktion lange Zeit kein Erfolg beschieden war. Du kannst zwischen natürlichen Gründen unterscheiden und solchen, die überwiegend auf mangelnde Planung zurückzuführen sind.

[3] Das Klimadiagramm von Koktschetaw zeigt den Niederschlags- und Temperaturgang in zwei aufeinanderfolgenden Jahren. Erkläre, warum die Steppenzone Kasachstans immer zu den klimatischen Risikogebieten gehören wird. Beachte dabei: Der durchschnittliche Jahresniederschlag muß mindestens 250 mm betragen, um eine sichere Ernte zu gewährleisten.

[4] Werte Abb. 2 aus. In welchen Jahren lagen die Hektarerträge unter dem Durchschnitt? Vergleiche die in Kasachstan erzielten Hektarerträge mit den Werten der gesamten Sowjetunion.

Kasachstan
Lage: zwischen Kaspischem Meer und Altai.
Fläche: 2 717 000 km², zweitgrößte Unionsrepublik der Sowjetunion.
Bevölkerung: 15 Mio. Einwohner, davon 36 % Kasachen, 41 % Russen, unter anderen Minderheiten 1,2 Mio. Deutsche.
Landwirtschaft: in der Steppenzone im Norden Schwarzerdeboden (Neulandgebiete): Weizen, Hirse, Sonnenblumen, Viehzucht; im trockenen Süden extensive Viehhaltung, in den Bewässerungsgebieten Anbau von Baumwolle, Reis, Zuckerrüben, Tabak, Obst und Wein.

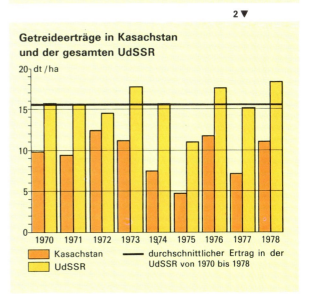

Getreideerträge in Kasachstan und der gesamten UdSSR

▲1 Kreml, Roter Platz und Lenin-Mausoleum

Parade 2▲

Moskau — Hauptstadt und Wirtschaftszentrum der Sowjetunion

Ein Vormittag in Moskau

„Vom Hotel ‚Ukraina' fahren wir mit dem Bus über den mehrspurigen Kutusow-Prospekt zur Stadtmitte. Unser Ziel ist der Rote Platz, das Zentrum der Hauptstadt. Alljährlich finden auf diesem Platz die großen Kundgebungen und Paraden statt. Hier beginnt jede Stadtbesichtigung.

In einer unübersehbaren Menschenmenge bewegen wir uns von der Basilius-Kathedrale zum Historischen Museum. Auf der linken Seite verläuft die hohe Kremlmauer mit den Ehrengräbern verdienter Männer und Frauen des Kommunismus. Vor dem dunkelroten Granitwürfel des Lenin-Mausoleums wartet eine kilometerlange Schlange von Besuchern. Wir erkennen Männer aus Usbekistan an ihren schwarzweißen Käppchen und Turkmeninnen an den langen schwarzen Zöpfen und bunten Gewändern. Die vielen verschiedenen Gesichter erinnern uns daran, daß die Sowjetunion ein Vielvölkerstaat ist.

Gegenüber der Kremlmauer steht das größte und bekannteste Kaufhaus des Landes, das GUM. In den zahlreichen Galerien und Verkaufsnischen versuchen täglich 130 000 Sowjetbürger das zu bekommen, was sie schon lange suchen.

Wir gehen durch den Alexander-Garten und kommen zum Dreifaltigkeitsturm. Durch ihn dürfen Touristen den befestigten Kreml betreten. Wir haben das Wahrzeichen des alten und des modernen Moskaus erreicht. Hier, auf dem Steilufer der Moskwa, liegen Verwaltungsgebäude, Paläste und Kirchen dicht beieinander. Hier residierten der Zar und das Oberhaupt der russisch-orthodoxen Kirche, und hier ist heute das sowjetische Machtzentrum, von dem aus das riesige Land und die gesamte Wirtschaft gelenkt werden."

Mit über 8 Millionen Einwohnern ist Moskau die größte Stadt der Sowjetunion. Zahlreiche radial verlaufende Fernstraßen und Eisenbahnlinien, mehrere Wasserstraßen und fünf Flughäfen verbinden die Hauptstadt mit dem riesigen Land.

Täglich pendeln über eine halbe Million Menschen zur Arbeit nach Moskau. Mit einem Anteil von 7 % an der gesamten industriellen Produktion ist Moskau die größte Industriestadt der Sowjetunion. Es dürfte wohl kaum einen Ort im Lande geben, in dem nicht Erzeugnisse der Moskauer Metall-, Textil-, Schuh-, Bekleidungs- sowie Nahrungsmittelindustrie angeboten werden.

An den Hochschulen und Forschungsinstitu-

▲3 Kalinin-Straße

An der Moskwa 4▲

ten arbeitet ein Viertel der sowjetischen Wissenschaftler. Hier studieren über 600 000 Studenten.

Moskau ist also das politische, wirtschaftliche und kulturelle Zentrum der UdSSR.

Die Ernennung zur Hauptstadt und die schnelle Industrialisierung lösten schon früh einen Zustrom von Menschen nach Moskau aus. Rasche Bevölkerungszunahme und quälende Wohnungsnot waren die Folge. Deshalb bildeten die Wohnungsbauprogramme seit 1956 einen Schwerpunkt in den Fünfjahresplänen. Die verstärkte Bautätigkeit ist im Stadtbild deutlich zu erkennen.

Produkt oder Leistung	Arbeitszeit in Stunden und Minuten (1982)	
	München	Moskau
Miete (monatl.), subventioniert	24 h	12 h
Mehl, 1 kg	9 min	28 min
Kartoffeln, 1 kg	4 min	7 min
Butter, 0,5 kg	26 min	1 h 41 min
Gin/Wodka, 1 l	1 h 46 min	10 h 46 min
1 Paar Herrenschuhe	5 h	25 h
1 Herrenhemd	4 h 49 min	10 h 15 min
Kühlschrank, 230 l	54 h	355 h
Pkw, Mittelklasse	6 480 h	63 360 h
Eisenbahnfahrt, 60–100 km	1 h 26 min	4 h 18 min
Flugticket, 300 km	16 h	14 h

▲5

1 Beschreibe die vielfältigen Aufgaben der sowjetischen Hauptstadt. Berücksichtige dazu die Abbildungen.

2 Verfolge die Verkehrsverbindungen von Moskau in die verschiedenen Landesteile und zu den Meeren auf einer Atlaskarte.

3 Die Fotos zeigen Wahrzeichen des alten, russischen und des modernen, sowjetischen Moskaus. Schreibe sie auf.

4 Der Lebensstandard eines Volkes ist unter anderem an der Arbeitszeit abzulesen, die für den Kauf eines bestimmten Produktes aufgewendet werden muß. Werte die Tabelle aus.

Im Kaufhaus GUM 6▼

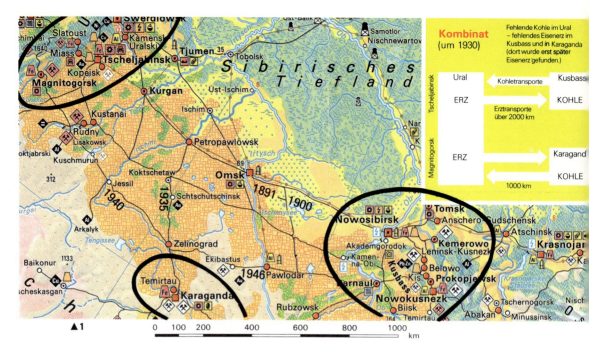

▲1

Industrialisierung durch Planwirtschaft

Die Industrialisierung in der Sowjetunion wird durch **Fünfjahrespläne** gelenkt. Sie sind das wichtigste Instrument der Wirtschaftsplanung. Bis in alle Einzelheiten schreiben sie Bauvorhaben, Industriestandorte sowie Art und Umfang der Gütererzeugung vor. Jeder Betrieb muß eine festgelegte Norm in vorgeschriebener Zeit erfüllen. Bei Nichterfüllung der Norm gibt es Lohnabzüge; für Leistungen, welche die Norm übersteigen, werden Prämien gezahlt. Die tüchtigsten Arbeiter erhalten einen Orden. Gerade weil alles von Moskau aus zentral geplant und kontrolliert wird, kommt es oft zu Fehlentwicklungen und Leerlauf.

Aufbau der Schwerindustrie

1929 lief der erste Fünfjahresplan an. Sein Kernstück war die Industrialisierung des mittleren Urals. Hier sollte in Ergänzung zum bestehenden Schwerindustriezentrum in der Ukraine eine zweite „Eisen-und-Stahl-Basis" geschaffen werden. Der Ausbau der Schwerindustrie hatte absoluten Vorrang. Die für die Eisen- und Stahlerzeugung notwendigen Eisenerze gab es im Ural. Die nächstgelegenen Steinkohlenlager erschloß man im 2 000 km entfernt liegenden Kusnezk-Becken. In beiden Gebieten entstanden nun Hüttenwerke, so z. B. in Magnitogorsk und Nowosibirsk. Die Transsib wurde deshalb für schwere Züge ausgebaut und verband beide Regionen zum „Ural-Kusnezker Kombinat" (UKK). Die Züge aus dem Kusnezk-Becken, dem Kusbass, brachten Steinkohle zum Ural und auf dem Rückweg Eisenerze aus dem Ural in den Kusbass. Diese Art von Industrieanlagen, mit einem Austausch von Rohstoffen über große räumliche Entfernungen, wurde **Kombinat** genannt.

1931 entdeckte man auch bei Karaganda ausgedehnte Steinkohlenlager. Nach dem Bau einer Eisenbahnlinie zum Ural verkürzte sich der Kohlentransport um 500 km. Karaganda entwickelte sich daraufhin zu einem neuen Schwerindustriezentrum.

1 *Nenne Merkmale der Planwirtschaft.*

2 *Beschreibe die Stationen der Industrialisierung in der Sowjetunion von 1929 bis heute.*

3 *Erläutere den Unterschied zwischen Kombinat und TPK.*

4 *Überprüfe, ob der Sajaner TPK die vier geforderten Bedingungen erfüllt.*

▲ 2 Sajaner Kraftwerk am Jenissei

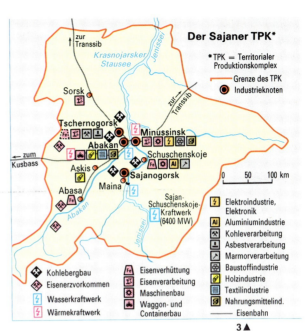

3 ▲

Territoriale Produktionskomplexe

1963 wurde das gesamte Staatsgebiet der Sowjetunion in 19 Bereiche aufgeteilt: die **Territorialen Produktionskomplexe.** Manche dieser TPK sind so groß wie die Bundesrepublik Deutschland. Sie bilden die Grundlage für die Erschließung bisher kaum besiedelter Gebiete, insbesondere in Sibirien. Einzelne Betriebe innerhalb der TPK können zusammenarbeiten und ein Kombinat bilden. Jeder TPK soll

● eine verkehrsgünstige Lage haben;

● ein oder möglichst mehrere Rohstoffvorkommen besitzen;

● über ausreichende Energiequellen verfügen;

● aufgrund seiner klimatischen Bedingungen für Dauersiedlungen sowie landwirtschaftliche Nutzung geeignet sein.

Nach Auffassung sowjetischer Planer sind die TPK am besten zur Erschließung der weiten und größtenteils noch wenig besiedelten Räume Sibiriens geeignet.

[5] *Welche Industriezweige werden im Sajaner TPK besonders gefördert? Mit Hilfe des nebenstehenden Textes und der Karte (Abb. 3) kannst du eine Erklärung geben.*

Ein Musterbeispiel: der Sajaner TPK

Der Sajaner TPK liegt in einem großen Becken südlich von Krasnojarsk. Er umfaßt 140 000 km² und ist damit etwa ein Drittel größer als die DDR. Die fruchtbaren Schwarzerdeböden tragen zu der für sibirische Verhältnisse dichten Besiedlung bei. Bei Sajan-Schuschenskoje entsteht eines der größten Wasserkraftwerke der Welt mit 6 400 MW (Assuan 2 100 MW). Auch Wärmekraftwerke sind an verschiedenen Orten in Bau.

Die Industrie wird in vier Städte konzentriert. Sie bilden sogenannte Industrieknoten:

In *Abakan* baut man Waggons und Container für die BAM-Eisenbahn.

In *Minussinsk* sind in einem Elektrokombinat 60 000 Menschen beschäftigt. Sie stellen die verschiedensten Güter her: von Mikroprozessoren bis zu Turbinen.

Sajanogorsk, bisher ein kleiner Ort, hat inzwischen 100 000 Einwohner. Viele von ihnen arbeiten in einem Marmor-Kombinat sowie in einer Aluminiumhütte.

Bei *Tschernogorsk* soll ein Hüttenwerk gebaut werden, damit die Stahlerzeugung im eigenen TPK sichergestellt ist. Bisher wurden die Erze im TPK Kusbass verarbeitet.

Die Baikal-Amur-Magistrale: Schienenstrang des Jahrhunderts

Die Technik versagt — der Mensch hält durch

„Schon bei −30 bis −40 °C wird der Stahl so spröde, daß ein Hammerschlag die tonnenschwere Schaufel der Planierraupe zerspringen läßt. Achsen, Baggerzähne und Sägeblätter brechen, Autoreifen reißen, und das Öl verliert seine Schmierfähigkeit. Oft brauchen die Fahrer zwei bis drei Stunden, bis die Motoren der Lastwagen anspringen. Der Mensch hält durch. Selbst bei −60 °C treten die Männer an den Baustellen an. Im Winter gehen von jeder Arbeitsstunde 15 Minuten für Wärmepausen ab.

Dauerfrostboden, Hangrutschungen, Lawinen und Erdbeben erschweren den Bau zusätzlich. Vier Gebirgszüge müssen durch Tunnel von insgesamt 25 km Länge und breite Täler durch 140 Brücken überwunden werden.

Im Sommer verwandeln sich die provisorischen Straßen in schlammige Buckelpisten. Deshalb müssen Straßen und Gleise auf 8 m hohen und bis zu 40 m breiten Dämmen gebaut werden, sonst würden sie im Sumpf versinken. Die mehrstöckigen Gebäude stehen auf Betonpfählen, die zehn Meter und tiefer in den Dauerfrostboden gerammt werden.

Quälender noch als die Arbeit auf den Baustellen ist die sommerliche Mückenplage." (19)

Im März 1974 kündigte der damalige Parteichef Breschnew ein Jahrhundertwerk an: den Bau der **Baikal-Amur-Magistrale (BAM)**. Im laufenden Fünfjahresplan noch nicht erwähnt, stand sie plötzlich im Mittelpunkt der wirtschaftlichen Planung. Diese neue Eisenbahnstrecke verläuft von der oberen Lena zum unteren Amur. Sie soll die weiter südlich verlaufende Transsib entlasten. Diese kann den Verkehr nicht mehr bewältigen. Außerdem hat sie den Nachteil, daß sie über einige tausend Kilometer unmittelbar an der chinesischen Grenze entlangführt.

Grundlage dieses gewaltigen Projektes sind die ungewöhnlich reichen und vielfältigen Bodenschätze, die in der Regel im Tagebau gewonnen werden können. Auch der Reichtum an Holz und ungenutzter Wasserkraft spielt eine Rolle. Entlang der Bahnstrecke soll ein neuer Siedlungs- und Wirtschaftsraum erschlossen werden. Punktuell und in großen Abständen werden zunächst kleine Arbeitersiedlungen angelegt, die bis zum Jahre 2000 zu Städten von je 200 000 Einwohnern heranwachsen sollen. Gleichzeitig werden sogenannte Territoriale Produktions-

Die BAM stellt sich vor

Bauzeit: 1974—1985
Kosten: etwa 30 Milliarden DM
Länge: 3 150 km von Ust-Kut bis Komsomolsk
Kapazität: 35 Mio. t/Jahr (eingleisig)
Ziel: zweigleisiger Ausbau und Elektrifizierung, Bau von 60 neuen Städten (bis 1990 1 Mio. E.)
Anschlußstrecken in Betrieb:
„Lenabahn" von Taischet bis Ust-Kut (690 km). „Amurbahn" von Komsomolsk bis Sowjetskaja Gawan (480 km). „Kleine BAM" von Bam (Transsib) bis Nerjungri (450 km).

Zum Vergleich
Transsib: von Tscheljabinsk bis Wladiwostok, (8 000 km). Längste Eisenbahnlinie der Welt; Bauzeit 1891—1916 (Gesamtlänge von Moskau bis Wladiwostok 9 245 km).

▲ 2   3 ▼

Anteile Sibiriens an der Industrieproduktion der Sowjetunion

Stein- und Braunkohle 35 %
Erdöl 31 %
Erdgas 16 %
Elektrischer Strom 20 %
Zellulose 25 %
Bevölkerung 11 %

Im Süden von Jakutien 4 ▲

▲ 5   Großbaustelle BAM   6 ▼

komplexe (TPK) geschaffen, die spezifische wirtschaftliche Aufgaben übernehmen. Insgesamt rechnet man mit 1,5 Mio. Neusiedlern in der BAM-Region. Die BAM hat darüber hinaus erhebliche strategische Bedeutung. So trägt z. B. die Ansiedlung von Menschen auch zur Sicherung der Grenze gegen China bei. Wie geplant, konnte die BAM im Jahre 1985 eröffnet werden.

Und der Lohn für diese harte Arbeit?

- Wer sich für mindestens drei Jahre verpflichtete, erhielt zum Tariflohn 70 % Nordzulage.
- Statt der üblichen 15 Tage gab es 27 Tage Jahresurlaub.
- Jeder Arbeiter hatte Anspruch auf kostenlose Fahrt zu einem Urlaubsort eigener Wahl.
- Am Ende der drei Jahre konnte er ohne Wartezeit ein Auto kaufen.
- Sein Wohnungsanspruch am Heimatort blieb erhalten.
- Gute berufliche Aufstiegsmöglichkeiten waren ihm garantiert.

1 *Beschreibe den Verlauf der BAM.*

2 *Nenne anhand des Textes natürliche Gegebenheiten, die den Bau erschwerten.*

3 *Begründe, warum die BAM dennoch gebaut wurde.*

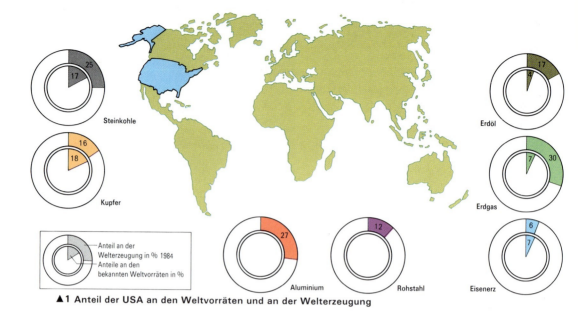

▲1 Anteil der USA an den Weltvorräten und an der Welterzeugung

USA und UdSSR im Vergleich

	USA	UdSSR
Fläche und staatliche Gliederung	9 363 000 km² (einschließlich von Alaska und Hawaii), 50 Bundesstaaten mit eigener Verfassung	22 402 000 km², 15 Unionsrepubliken mit eigenem Parlament
Bevölkerung und Volksgruppen	234 Mio. E., 25 E./km²; jährliches Bevölkerungswachstum: 1 %; etwa 83 % Weiße, 12 % Schwarze und Mulatten, 5 % andere Rassen (z. B. 1,4 Mio. Indianer, 810 000 Chinesen, 750 000 Japaner)	274 Mio. E., 12 E./km²; jährliches Bevölkerungswachstum: 0,9 %; 50 % Russen, 15 % Ukrainer; dann folgen Belorussen, Kasachen, Tataren, Aserbaidschaner, Armenier, Georgier, Moldauer ...

▼2 Anteil der Sowjetunion an den Weltvorräten und an der Welterzeugung

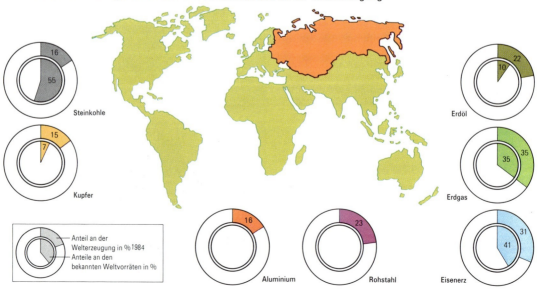

Grundbegriffe

Blizzard	Sowchosen
Kolchose	Manufacturing Belt
Agrarstadt	Kombinat
Kollektivierung	Nationalpark
Trockengrenze	Township
Schwarzerde	Dauerfrostboden
City	Canyon
Taiga	Konturpflügen
Verstädterung	Tornado
Reservation	Landklima
Tundra	Hurrikan
Steppe	Streifenfarmen

▲ 3   5 ▶

▼ 4

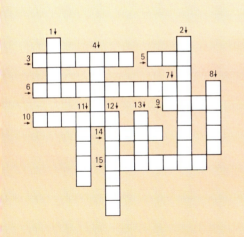

1. Gebirgszug
2. See im Südosten der Sowjetunion
3. Stadt am Baikalsee
4. Urwald in Sibirien
5. Stadt am Westrand des Urals
6. Stadt am Japanischen Meer
7. Fluß in Sibirien
8. Währung
9. Erdölhafen am Kaspischen Meer
10. Hauptstadt
11. Sitz der Regierung
12. Kornkammer der Sowjetunion
13. Fluß in Sibirien
14. Stadt in der Ukraine
15. See östlich des Kaspischen Meeres

Zwei große Wirtschaftsmächte

Weltanteile 1983 in %

Bruttonationalprodukt — USA 24, UdSSR 10
Energieverbrauch — USA 26, UdSSR 18
Industrieproduktion — USA 28, UdSSR 15

USA   UdSSR

Erwirtschaftete Leistung je Beschäftigten in der Landwirtschaft

51 000 US $ — 11 000 US $
4,6 : 1

Energieverbrauch je Einwohner

10 000 kg/SKE — 5 600 kg/SKE
1,8 : 1

Rohstahlproduktion je Einwohner

330 kg — 560 kg
1 : 1,7

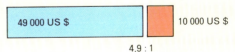
Erwirtschaftete Leistung je Industriebeschäftigten

49 000 US $ — 10 000 US $
4,9 : 1

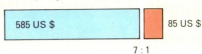
Export je Einwohner

585 US $ — 85 US $
7 : 1

Kraftfahrzeuge je 1000 Einwohner

700 — 70
10 : 1

Bruttonationalprodukt je Einwohner

14 000 US $ — 5 800 US $
2,4 : 1

Anhang

Klimastationen

LATEINAMERIKA

		J	F	M	A	M	J	J	A	S	O	N	D	Jahr
Andalgalá, 1 070 m	°C	25	24	22	19	14	10	11	13	17	20	23	25	19
27°30' S/66°26' W Argentinien	mm	62	75	40	12	9	4	4	6	3	10	15	35	272
Antofagasta, 94 m	°C	21	21	20	17	16	14	14	15	15	16	18	20	17
23°39' S/70°25' W Chile	mm	0	0	0	1	0	0	0	0	0	0	0	0	4
Belém (Pará), 10 m	°C	26	25	25	26	26	26	26	26	26	26	26	26	26
1°28' S/48°27' W Brasilien	mm	193	339	431	453	300	230	59	72	15	12	16	67	2 277
Buenos Aires, 25 m	°C	23	23	20	16	13	10	9	11	13	16	19	22	16
34°35' S/58°29' W Argentinien	mm	78	71	98	122	71	52	54	56	74	85	101	102	962
Colón, 9 m	°C	27	27	27	28	27	27	27	27	27	27	27	27	27
9°24' N/79°54' W Panama-Kanalzone	mm	86	38	38	104	320	353	396	386	318	394	569	295	3 297
Cuiabá, 165 m	°C	27	27	27	27	26	24	24	26	28	28	28	27	27
15°35' S/56°6' W Brasilien	mm	245	227	207	103	51	7	6	28	52	112	153	201	1 388
Guatemala, 1 480 m	°C	17	17	19	19	21	20	19	19	19	18	18	16	19
14°37' N/90°31' W Guatemala	mm	8	4	13	32	140	297	199	199	236	167	23	5	1 323
Habana, 19 m	°C	22	22	23	24	26	27	28	28	27	26	24	23	25
23°8' N/82°21' W Kuba	mm	76	38	43	43	130	142	109	109	127	178	81	61	1 143
Iquitos, 117 m	°C	26	26	25	26	25	24	24	25	24	25	26	26	25
3°46' S/73°20' W Peru	mm	251	383	455	294	271	163	141	200	177	214	220	190	2 959
La Paz, 3 570 m	°C	11	11	11	10	9	7	7	8	9	11	12	11	9
16°30' S/68°8' W Bolivien	mm	114	107	66	33	13	8	10	13	28	41	48	91	574
Lima, 158 m	°C	23	24	23	21	19	17	16	16	17	19	21		19
12°4' S/81°41' W Peru	mm	0	0	1	1	2	6	9	10	10	5	3	1	48
Manáus, 44 m	°C	26	26	26	26	26	26	27	27	28	28	27	27	27
3°8' S/60°1' W Brasilien	mm	262	249	274	277	201	112	69	38	61	119	155	226	1 999
Mexico City, 2 282 m	°C	13	15	17	18	19	18	17	17	17	16	15	14	16
19°26' N/99°8' W Mexiko	mm	6	10	12	18	52	117	110	95	130	36	17	8	608
Montevideo, 22 m	°C	23	22	21	17	13	11	11	11	13	15	18	21	16
34°55' S/56°13' W Uruguay	mm	74	66	99	99	84	81	74	79	76	66	74	79	950
Quito, 2 850 m	°C	13	13	13	13	13	13	13	13	13	13	13	13	13
0°13' S/78°30' W Ecuador	mm	107	109	132	188	127	38	23	38	76	94	97	97	1 120
Rio de Janeiro, 60 m	°C	26	26	25	24	22	21	21	21	21	22	23	24	23
22°54' S/43°10' W Brasilien	mm	127	114	140	107	84	58	46	48	66	86	104	140	1 123
San José, 1 135 m	°C	19	19	20	20	21	20	20	20	20	20	20	19	20
9°56' N/84°8' W Costa Rica	mm	6	4	12	28	254	280	211	268	361	338	124	42	1 928
Valparaiso, 40 m	°C	17	17	16	15	13	11	11	11	12	14	16	17	14
31°1' S/71°38' W Chile	mm	0	0	9	14	97	145	101	66	33	11	7	4	490

USA

		J	F	M	A	M	J	J	A	S	O	N	D	Jahr
Amarillo, 1 099 m	°C	2	4	8	13	18	24	26	26	21	15	8	4	14
35°14′ N/101°42′ W	mm	17	16	21	34	86	73	59	66	48	45	17	20	502
Barrow, 13 m	°C	−28	−25	−26	−19	−6	2	4	4	−1	−9	−18	−26	−12
71°18′ N/156°47′ W	mm	5	5	5	8	8	8	28	20	13	20	10	10	143
Bismarck, 511 m	°C	−13	−11	−4	6	13	18	22	21	15	8	−2	−8	5
46°46′ N/100°45′ W	mm	11	11	20	31	50	86	56	44	30	22	15	9	385
Chicago, 185 m	°C	−3	−2	2	10	16	22	24	24	19	13	4	−2	11
41°47′ N/87°47′ W	mm	47	41	70	77	95	103	86	80	69	71	56	48	843
Dallas, 146 m	°C	8	10	13	18	23	27	29	29	26	20	13	9	19
32°51′ N/96°51′ W	mm	59	65	72	102	123	82	49	49	72	69	69	68	879
Fresno, 100 m	°C	8	10	13	15	19	24	27	27	23	17	12	8	17
36°46′ N/119°42′ W	mm	43	39	39	24	11	2	1	1	5	14	24	36	239
Honolulu, 17 m	°C	21	21	22	22	23	24	25	25	25	25	23	22	23
21°25′ N/157°55′ W	mm	87	102	81	53	35	21	26	31	37	45	86	99	703
Imperial, 42 m	°C	12	15	18	21	25	29	33	32	29	23	17	13	22
33°43′ N/115°55′ N	mm	11	11	9	2	1	1	5	13	9	7	7	13	88
Las Vegas, 610 m	°C	6	10	13	18	20	28	29	30	25	18	13	7	18
36°10′ N/115°80′ W	mm	18	13	7	6	5	4	13	14	8	8	5	9	110
Los Angeles, 103 m	°C	12	13	14	15	17	19	21	21	20	18	16	13	17
34°03′ N/118°14′ W	mm	78	84	70	26	11	2	0	1	4	17	30	66	389
Miami, 2 m	°C	20	20	22	23	25	27	28	28	27	26	23	21	24
25°48′ N/80°16′ W	mm	64	48	58	86	180	188	135	163	226	229	84	43	1 504
Minneapolis, 254 m	°C	−11	−9	−2	7	14	20	23	21	16	9	−1	−8	7
44°53′ N/93°13′ W	mm	18	20	39	47	81	102	83	81	62	40	36	22	631
New York, 96 m	°C	−1	−1	3	9	16	20	23	23	19	13	7	2	11
40°47′ N/73°58′ W	mm	91	105	90	83	81	86	106	108	87	88	76	90	1 091
Rapid City, 993 m	°C	−6	−4	−1	7	13	18	23	22	16	10	2	−3	8
44°02′ N/103°03′ W	mm	9	12	26	42	68	78	45	31	24	20	10	8	373
St. Louis, 173 m	°C	−1	1	6	13	19	24	26	25	21	14	7	1	13
38°38′ N/90°12′ W	mm	94	86	93	95	92	98	77	76	74	69	94	84	1 032

SOWJETUNION

		J	F	M	A	M	J	J	A	S	O	N	D	Jahr
Irkutsk, 459 m	°C	−21	−18	−9	1	8	14	18	15	8	1	−11	−18	−1
52°16′ N/104°79′ O	mm	13	10	8	15	33	56	79	71	43	18	15	15	376
Jakutsk, 100 m	°C	−43	−37	−23	−9	5	15	19	15	6	−9	−30	−40	−11
62°05′ N/129°45′ O	mm	6	5	3	6	13	27	34	42	23	12	10	7	188
Koktschetaw, 280 m	°C	−16	−15	−12	0	15	20	22	19	14	5	−6	−13	3
53°20′ N/69°20′ O	mm	8	10	12	22	18	32	34	36	16	22	18	14	242
Ksyl-Orda, 129 m	°C	−10	−7	0	11	19	24	25	22	16	8	−1	−7	8
44°46′ N/65°32′ O	mm	13	15	14	14	11	5	4	3	4	7	10	14	114
Maly-Karmakuly, 16 m	°C	−15	−14	−15	−11	−5	1	6	6	3	3	0	13	6
72°23′ N/52°44′ O	mm	26	18	19	18	20	24	30	36	41	35	26	24	317
Moskau, 144 m	°C	−10	−8	−4	4	13	16	19	17	11	4	−2	−7	4
56°45′ N/37°34′ O	mm	28	23	31	38	48	51	71	74	56	36	41	38	535
Nowokasalinsk, 63 m	°C	−12	−10	−3	6	18	23	25	23	16	8	−1	−7	7
46°20′ N/62°10′ O	mm	10	10	13	13	15	4	4	8	8	10	13	15	123
Oimjakon, 740 m	°C	−50	−44	−32	−15	2	11	15	10	2	−15	−26	−47	−16
63°16′ N/143°09′ O	mm	7	6	5	4	10	37	40	37	20	12	11	9	198
Orenburg, 114 m	°C	−15	−15	−5	7	16	19	22	20	14	5	−2	−12	5
51°10′ N/56°40′ O	mm	24	21	21	25	37	47	38	33	27	43	36	28	380
Semipalatinsk, 202 m	°C	−16	−16	−9	4	14	20	22	20	13	5	−6	−14	3
50°24′ N/80°13′ O	mm	14	15	17	19	22	30	32	23	21	22	27	22	264
Taschkent, 479 m	°C	−1	2	8	15	20	25	27	26	20	13	7	2	14
41°16′ N/69°16′ O	mm	49	51	81	58	32	12	4	3	3	23	44	57	417
Werchojansk, 99 m	°C	−50	−45	−30	−13	2	12	15	11	2	−14	−37	−47	−16
67°33′ N/133°23′ O	mm	4	3	3	4	7	22	27	26	13	8	7	4	128

Ausgewählte Grundbegriffe

Agrostadt. Neuartiger Stadttyp in der Sowjetunion für die in landwirtschaftlichen Großbetrieben (→ Kolchosen und → Sowchosen) arbeitende Landbevölkerung. Agrostädte mit mehrgeschossigen Wohnblocks, teilweise sogar privaten Einfamilienhäusern sowie Ausbildungs- und Unterhaltungseinrichtungen, sollen das Leben auf dem Lande attraktiver machen.

Analphabeten. Menschen, die weder lesen noch schreiben können. In vielen → Entwicklungsländern beträgt der Anteil der Analphabeten über 50 % der Bevölkerung.

Altiplano. Hochland in Bolivien und Peru in durchschnittlich 3000—4000 m Höhe.

Ballungsraum, Verdichtungszentrum. Siedlungsgebiet mit hoher Bevölkerungsdichte (über 1000 E./km²) sowie einer Vielzahl von Industrie- und Gewerbebetrieben auf engem Raum. Ballungszentren in der Bundesrepublik Deutschland: Rhein-Ruhr, Rhein-Main, Hamburg, Mittlerer Neckar, Rhein-Neckar u. a.

BAM, Baikal-Amur-Magistrale. 1941 geplante und 1985 fertiggestellte Parallelbahn zur Transsibirischen Eisenbahn (Transsib), die in Taischet von dieser abzweigt, nördlich um den Baikalsee herumführt und in Komsomolsk bzw. in Sowjetskaja Gawan („Sowjetischer Hafen") endet. Ihr Hauptzweck ist, die Transsib zu ersetzen; denn diese führt über 2 000 km unmittelbar an der chinesischen Grenze entlang. Darüber hinaus soll die BAM die Transsib, die den Verkehr immer weniger bewältigen kann, entlasten.

Bevölkerungsexplosion. Das sprunghafte Ansteigen der Bevölkerung von 1,5 Mrd. zu Beginn dieses Jahrhunderts auf nahezu 4 Mrd. im Jahre 1975 und auf voraussichtlich 6 bis 7 Mrd. um das Jahr 2000. Dieser Vorgang ist vor allem eine Folge der medizinischen, hygienischen und sozialen Entwicklung, die heute immer weitere Teile der Erdbevölkerung erfaßt.

Bleicherde. Nährstoffarmer Bodentyp mit Nadelwald- und Heideflächen in den kühlgemäßigten und feuchten Klimagebieten Norddeutschlands, des nördlichen Europas und Kanadas. Die Mineralsalze werden aus der oberen Bodenschicht großenteils ausgewaschen, so daß ein bleicher Boden, die Bleicherde (russisch „Podsol"), zurückbleibt.

Blizzard. Schneesturm in Nordamerika.

Bodenerosion. Weite Steppengebiete der Erde (z. B. Great Plains/USA und Kasachstan/UdSSR) wurden in Ackerland umgewandelt. Als Folge trug der Wind den fruchtbaren Boden fort. Manche Landschaften wurden so stark geschädigt, daß sie nicht mehr landwirtschaftlich genutzt werden können. Die Amerikaner sprechen von „Badlands" als Folge der „soil erosion". Durch Aufforstung, Windschutzhecken und Konturpflügen versucht man der Bodenerosion zu begegnen.

Brandrodung. Art der Landnutzung bei schweifenden Sammlern und Hackbauern in den Tropen. Um neue Anbauflächen zu gewinnen, werden Teile des Waldes gerodet und abgebrannt und anschließend mit Mais, Hirse oder Reis bestellt. Da die Tropenböden nach wenigen Jahren erschöpft sind und Düngung unbekannt ist, roden die Eingeborenen Hinterindiens, Borneos oder des Amazonasgebietes an anderer Stelle wieder ein Stück Wald.

Bruttosozialprodukt. → Sozialprodukt.

Cañon, Canyon. Schluchtartiges Tal in Gebieten mit waagerecht liegenden Gesteinsschichten von unterschiedlicher Härte. Das bekannteste Beispiel bildet der Grand Canyon in Arizona/USA.

City. Der Kern großer Städte mit Geschäfts-, Büro-, Bank- und Verwaltungsgebäuden. Wegen der hohen Mieten wohnen nur wenige Menschen in der City, doch sind hier die Arbeitsplätze konzentriert. Weitere Merkmale: Hochhäuser, dichter Verkehr, zu wenig Parkplätze, Entleerung in den Abendstunden.

COMECON. Council for Mutual Economic Aid („Rat für Gegenseitige Wirtschaftshilfe" = RGW). Mitglieder sind die Ostblockstaaten Bulgarien, DDR, Polen, Rumänien, Tschechoslowakei, UdSSR, Ungarn und jetzt auch Kuba. Ziel des COMECON ist die planmäßige Entwicklung der Wirtschaft, Wissenschaft und Technik des „sozialistischen Lagers" unter dem eindeutigen Führungsanspruch der Weltmacht Sowjetunion.

Dauerfrostboden. Ständig gefrorener Boden, der nur im Sommer teilweise oberflächlich auftaut. Verbreitung: Polar- und Tundrengebiete, Teile der nördlichen Nadelwaldzone. Mehr als ein Drittel der Fläche der Sowjetunion weist Dauerfrostboden (Permafrost) auf.

Dienstleistungsgesellschaft. Dienstleistungen erbringen z. B. Banken, Versicherungen und Verwaltungseinrichtungen. Sie gehören zum tertiären Sektor, der von der Urproduktion (primärer Sektor) und vom produzierenden Gewerbe (sekundärer Sektor) unterschieden wird. Eine Gesellschaft, in welcher der Anteil der Dienstleistungen dominiert, bezeichnet man als Dienstleistungsgesellschaft. Beispiel: USA.

Dritte Welt. Alle → Entwicklungsländer.

Dry-farming (Trockenfarmen). Art des Anbaus in Trockengebieten, besonders in Australien und in den Great Plains/USA. Die geringen Niederschlagsmengen werden im Boden gespeichert, bis sie wieder für den Getreideanbau ausreichen. Das kann 1 bis 3 Jahre dauern. Solange herrscht Brache. In dieser Zeit wird der Boden vor möglichen Niederschlägen tief gepflügt, damit das Wasser weit eindringen kann. Danach werden die Felder geeggt und gewalzt, um die Verdunstung herabzusetzen.

Elendsviertel. Sie finden sich in den Randbezirken vieler Großstädte der Alten und der Neuen Welt. Es handelt sich um armselige Barackensiedlungen, in denen im allgemeinen weder Straßen, Wasserleitungen, Kanalisation noch Schulen vorhanden sind; Hunger, Unterernährung und Krankheit gehören zum alltäglichen Bild der Menschen, die darin leben müssen. Im englischen Sprachbereich spricht man von Slums oder shanty towns, im französischen von Bidonvilles (Blechkanisterstädte), in Brasilien heißen die Elendsviertel → Favelas, in Peru Barriadas, in Indien Basti usw.

Entwicklungshilfe. Die Hilfe, die → Industrieländer und Organisationen, wie die Vereinigten Nationen, den → Entwicklungsländern in Form von Geld, günstigen Darlehen, technischer Ausrüstung und Beratung gewähren.

Entwicklungsland. Land, in dem das Einkommen der Bevölkerung weit unter dem der → Industrieländer liegt. Entwicklungsländer haben große Probleme zu bewältigen: drückende Armut, Hunger, Krankheiten, starker Bevölkerungszuwachs (→ Bevölkerungsexplosion), wenige Arbeitsplätze außerhalb der Landwirtschaft, große Elendsviertel um die Städte (→ Slums), viele → Analphabeten. Sie benötigen dringend die Unterstützung der wohlhabenden → Industrieländer (→ Entwicklungshilfe). Die meisten Länder Afrikas, Asiens und Lateinamerikas sind Entwicklungsländer.

Estancia (span. Gehöft). Großer Viehwirtschaftsbetrieb in Südamerika, besonders in Argentinien, der Tausende von Hektar Land umfassen kann. Das Vieh ist ganzjährig auf der Weide; es wird zur Gewinnung von Fleisch, das großenteils exportiert wird, gehalten. Der Besitzer, der Estanciero, lebt im allgemeinen nicht auf dem Gutshof, sondern in der Stadt.

Favelas → Elendsviertel.

Finca. Ursprünglich spanische Gutssiedlung in Lateinamerika. Heute weitgehend Bezeichnung für klein- und mittelbäuerliche Betriebe, die Kaffee (daher „Kaffeefinca") für den Export sowie gleichzeitig Bananen, Zuckerrohr, Zitrusfrüchte, Mais und Maniok für die Selbstversorgung und den lokalen Markt liefern.

Fremdlingsfluß. Fluß, der in einem niederschlagsreichen Gebiet entspringt und anschließend eine Wüste durchfließt. Er bezieht sein Wasser also nicht aus dem Trockengebiet, sondern aus einem klimatisch „fremden" Raum. Beiderseits der Fremdlingsflüsse, z. B. am Nil, Indus und Colorado, dehnen sich oft Flußoasen aus.

Fruchtwechselwirtschaft. Art des Anbaus in Akkerbaugebieten. Um den Boden nicht einseitig zu nutzen und um Schädlingsbefall und Pflanzenkrankheiten vorzubeugen, erfolgt ein jährlicher Wechsel von Halm- und Blattfrüchten. Eine der üblichsten Fruchtfolgen: Wintergetreide, Sommergetreide, Hackfrüchte. Daneben gibt es auch viel kompliziertere Fruchtfolgen.

Fünfjahresplan. Zentraler Wirtschaftsplan der Sowjetunion und anderer sozialistischer Länder (→ Planwirtschaft.) In den Fünfjahresplänen werden die Hauptziele der Wirtschaftsentwicklung festgelegt, vor allem eine Steigerung der Industrie- und Agrarproduktion.

Geburtenrate, Geburtenziffer. Anzahl der Neugeborenen eines Jahres, jeweils auf 1 000 Einwohner bezogen. Beispiel: Bei 20 000 Einwohnern einer Stadt und 180 Neugeburten beträgt die Geburtenziffer 9.

Geburtenüberschuß. Übersteigt die Zahl der Geburten (→ Geburtenrate) die Zahl der Sterbefälle (→ Sterberate) in einem Jahr, so ergibt sich ein Geburtenüberschuß: im umgekehrten Fall spricht man von **Geburtendefizit.**

Großgrundbesitz. Großer Landbesitz eines einzelnen Eigentümers oder einer Familie. In der Bundesrepublik Deutschland rechnet man Flächen von über 100 ha bereits zum Großgrundbesitz, in Südamerika erst solche von über 1 000 ha. Der Großgrundbesitz ist besonders in den → Entwicklungsländern verbreitet, z. B. in Brasilien oder Argentinien. Den verhältnismäßig wenigen Großgrundbesitzern steht die Masse der Kleinbauern und der landlosen Tagelöhner gegenüber.

Hektarertrag. Der Enteertrag, der auf einem Feld von 1 ha Fläche erzielt wird. So beträgt der Hektarertrag bei Weizen in der Bundesrepublik Deutschland im Durchschnitt 38 dt.

Höhenstufen in den tropischen Anden

	Obergrenze etwa	Vegetation Nutzung
Tierra caliente (heißes Land)	1 000 m	Kakaostufe, Kautschuk, Bananen
Tierra templada (gemäßigtes Land)	2 300 m	Kaffeestufe
Tierra fria (kaltes Land)	3 400 m	Getreidestufe (Weizen, Mais) und Waldstufe
Tierra helada (eisiges Land)	über 3 500 m	Stufe der Hochweiden (Páramo und Puna)
Tierra nevada (Schneeland)	über 4 600 m	Stufe des ewigen Eises

Hofland, privates Hofland. In sozialistischen Staaten das Land, das den Bauern zur privaten Nutzung zur Verfügung steht (in der DDR und Sowjetunion 0,5 ha pro Familie). Es wird im Unterschied zum kollektiv bewirtschafteten Land sehr intensiv genutzt, so daß viele Familien über die Eigenversorgung hinaus landwirtschaftliche Produkte wie Kartoffeln, Geflügel und Eier auf dem lokalen Markt verkaufen können und so einen bescheidenen Nebenverdienst erzielen.

Humus (lateinisch = Boden). Oberste, dunkle Bodenschicht. Der Humus setzt sich aus einer Vielzahl abgestorbener pflanzlicher und tierischer Stoffe zusammen. Diese organischen Substanzen bedingen wegen ihres Reichtums an Nährstoffen die dunkle Färbung und die Fruchtbarkeit des Bodens.

Hurrikan. Tropischer Wirbelsturm, der am häufigsten im Spätsommer und Herbst auftritt, wenn kalte auf warme Luftmassen treffen. Verheerend können sich Hurrikans in ihrem Ursprungsgebiet, dem Karibischen Meer mit den Westindischen Inseln, auswirken: oft greifen sie aber auch auf die Küsten des nordamerikanischen Festlandes über.

Iberoamerika. Das von den Völkern der Iberischen Halbinsel, den Spaniern und Portugiesen, besiedelte Süd- und Mittelamerika. Wegen der romanischen, auf dem Lateinischen beruhenden Sprachen (Spanisch und Portugiesisch) ist auch die Bezeichnung **Lateinamerika** üblich.

Indio. Nachkomme der Ureinwohner der Indianer in Süd- und Mittelamerika. Die Indios sprechen kaum spanisch, sondern ihre eigenen Eingeborenensprachen und haben auch weitgehend die Lebensweise ihrer Vorfahren beibehalten. In den Andenstaaten wie Ecuador, Peru oder Kolumbien bilden die Indios zusammen mit den Mestizen (→ Mischling) die Hauptgruppe der Bevölkerung.

Industrieländer (-staaten). In den Industrieländern ist im Unterschied zu den → Entwicklungsländern der überwiegende Teil der Bevölkerung in der Industrie, im Handel und Gewerbe beschäftigt. Infolge der großen Produktion an industriellen Erzeugnissen ist das Pro-Kopf-Einkommen hoch. Industriestaaten: USA, UdSSR, Bundesrepublik Deutschland, Japan, Großbritannien und andere.

Industriepark. Zusammenhängendes Industriegebiet mit guter → Infrastruktur (Verkehrsanschlüssen, Ver- und Entsorgungseinrichtungen, privaten und öffentlichen Dienstleistungen). Industrieparks gibt es vor allem in den USA.

Industriezweige (-branchen). Nach den hergestellten Erzeugnissen unterscheidet man verschiedene Arten der Industrie. Die wichtigsten Zweige sind die → Schwerindustrie, die feinmechanische und optische Industrie, Elektro- und Autoindustrie, die chemische Industrie, die Glas-, Holz- und Textilindustrie.

Infrastruktur. Ausstattung mit Einrichtungen, welche die Grundlage für die wirtschaftliche Entwicklung eines Gebietes bilden. Regionen mit günstiger Infrastruktur haben gut ausgebaute Verkehrswege, eine genügende Zahl von Verkehrseinrichtungen, Schulen, Krankenhäusern, eine funktionierende Energie- und Wasserversorgung usw.

Investitionsgüter. Güter, die der Produktion dienen. Investitionsgüter sind z. B. Maschinen der verschiedenen Art, Werkhallen, Lastwagen, Flugzeuge, Schiffe usw. Güter für den sofortigen Verbrauch heißen Verbrauchs- oder Konsumgüter.

Jahreszeitenklima. → Tageszeitenklima.

Kautschuk. Eingedickter Milchsaft des Kautschukbaumes (Hevea brasiliensis). In den Stamm dieses im tropischen Amazonien beheimateten Baumes werden Kerben geritzt und der herausrinnende Saft (Latex) wird in Gefäßen gesammelt. Er bildet den Rohstoff für die Gummiherstellung. Die wichtigsten Erzeugerländer des Naturkautschuks sind Malaysia, Indonesien, Thailand und Ceylon. Heute spielt auch die Herstellung von künstlichem Kautschuk, dem sogenannten **synthetischen**

Kautschuk (→ Buna), durch die chemische Industrie eine wichtige Rolle.

Klimazonen. Die vorwiegend parallel zu den Breitenkreisen angeordneten Gebiete, die jeweils recht einheitliche klimatische Merkmale aufweisen.

Kolchose. Neben den Staatsgütern (→ Sowchosen) gibt es in der Sowjetunion die Kolchosen, eine andere Art landwirtschaftlicher Großbetriebe. Die Kolchosen haben eine durchschnittliche Fläche von über 6 000 ha und werden kollektiv, d. h. gemeinsam von allen Mitgliedern bewirtschaftet. Seit der → Kollektivierung ist nämlich der gesamte Grund und Boden Eigentum des Staates.

Kollektivierung. In fast allen kommunistischen Ländern wurde der Privatbesitz der Bauern ganz oder teilweise in gemeinsames Eigentum umgewandelt. Die neu geschaffenen landwirtschaftlichen Großbetriebe wie die → Kolchosen in der UdSSR werden gemeinsam, d. h. kollektiv, bewirtschaftet.

Kombinat. Organisatorischer Zusammenschluß unterschiedlicher, oft weit auseinanderliegender Produktionsstätten in den Ostblockländern mit gegenseitigem Austausch von Rohstoffen oder Industrieerzeugnissen. Im Ural-Kusnezker Kombinat z. B. erfolgt der Tausch von Eisenerz gegen Steinkohle und umgekehrt.

Konzern. Zusammenschluß mehrerer selbständiger Unternehmen zu einem wirtschaftlichen Großbetrieb. Konzerne werden zentral geleitet und verwaltet. Sie beherrschen häufig den Markt.

Kreole. In Lateinamerika geborener, reinrassiger Weißer, dessen Vorfahren aus Spanien, Portugal oder Frankreich stammen. Die Kreolen bilden im Gegensatz zu den → Indios und Mestizen (→ Mischling) die Herren- und Führungsschicht in den süd- und mittelamerikanischen Staaten.

Kulturerdteil. Großraum der Erde, der nicht wie die Kontinente nach physisch-geographischen Gesichtspunkten abgegrenzt wird, sondern durch die Zusammenfassung von Räumen ähnlicher kulturlandschaftlicher Entwicklung. So unterscheidet man z. B. den abendländischen, angloamerikanischen, orientalischen oder indischen Kulturerdteil.

Landbrücke. Verbindung zweier Kontinente. So bildet Mittelamerika die Landbrücke zwischen Nord- und Südamerika.

Landenge, Isthmus. Schmale Landbrücke, die zwei Landmassen verbindet. So sind Nord- und Südamerika durch die Landenge von Panama (Isthmus von Panama), Afrika und Asien durch die Landenge von Sues miteinander verbunden.

Landflucht. Abwanderung großer Teile der Landbevölkerung in Verdichtungsräume (→ Verstädterung). Verbunden damit ist meistens ein Berufswechsel mit dem Ziel, einen höheren Lebensstandard zu erreichen. Ausgeprägt ist die Landflucht in Gebirgsgegenden mit ungünstigen Bedingungen für die Landwirtschaft **(Bergflucht)** sowie in Entwicklungsländern, wo die besitzlosen Landarbeiter in die Städte abwandern.

Landklima. Klima im Innern der Kontinente, das sich vom Seeklima durch folgende Merkmale un-

terscheidet: 1. Kurze, warme Sommer und lange, kalte Winter, also eine große Jahresamplitude; 2. geringe Luftfeuchtigkeit und Niederschläge; 3. kurze Übergangsjahreszeiten, oft folgt auf den Sommer unvermittelt der Winter.
Lateinamerika → Iberoamerika.
Löß. Feiner, gelblicher Gesteinsstaub, der wegen seines hohen Kalk- und Nährstoffgehaltes zu den fruchtbarsten Böden gehört.
Manufacturing-Belt. Bezeichnung für das bedeutendste US-amerikanische Industriegebiet zwischen dem Atlantik einerseits, den Großen Seen und dem oberen Mississippi andererseits.
Marktwirtschaft. Eine Wirtschaftsordnung mit freiem Wettbewerb, in der die Preise für eine Ware hauptsächlich durch Angebot (Menge der zur Verfügung stehenden Waren) und Nachfrage bestimmt werden, im Gegensatz zur → Planwirtschaft.
Mestize → Mischling.
Metropolitan Area. Städtischer Ballungsraum in den USA, der die → City, den Central Belt und die Vorortsiedlungen einer amerikanischen Großstadt umfaßt.
Mischling. Ein Mensch, dessen Eltern verschiedenen Rassen angehören.

Eltern	Kinder
(reinrassig)	(Mischling)
Weiße	Mestizen
Indianer	Mulatten
Neger	Zambos

Monokultur. Anbau von Kulturpflanzen auf großen Flächen und in mehreren Jahren hintereinander.
Mulatte → Mischling.
Nährstoffkreislauf. Im Tropischen Regenwald geben die Pflanzen die Nährstoffe in Form von abgestorbenen Blättern, Zweigen und Stämmen ab. Das Geflecht von Wurzelpilzen im Wurzelbereich nimmt sie aber wieder auf. Der Urwald ernährt sich also aus sich selbst heraus. Bei Rodung des Waldes wird dieser natürliche Kreislauf zerstört.
Nationalpark. Naturschutzgebiet von größerer Ausdehnung, in dem unter staatlicher Aufsicht charakteristische Landschaften mit ihrer Pflanzen- und Tierwelt geschützt werden.
OPEC-Länder. (**O**rganization of **P**etroleum **E**xporting **C**ountries). 13 der bedeutendsten erdölexportierenden Staaten.
Pampa. Das ursprünglich baumlose Grasland (→ Steppe) Argentiniens und Uruguays. Heute die Fleisch- und Getreidekammer beider Länder mit weltwirtschaftlicher Bedeutung (→ Estancia).
Planwirtschaft. Eine vom Staat nach einem einheitlichen Plan gelenkte Wirtschaft. Von einer zentralen Verwaltungsstelle erhalten die Industriebetriebe und landwirtschaftlichen Großbetriebe genaue Anweisungen über die Herstellung von Gütern sowie über Preise und Löhne, wie sie meistens in einem → Fünfjahresplan festgelegt werden. Diese Planwirtschaft der kommunistisch regierten Länder (z. B. UdSSR, DDR) wird auch oft als Zentralverwaltungswirtschaft bezeichnet. Sie steht im Gegensatz zur → Marktwirtschaft der westlichen → Industriestaaten.
Plateau. Hoch gelegene Landschaft mit geringen Höhenunterschieden.
Podsol. → Bleicherde.
Rat für Gegenseitige Wirtschaftshilfe (RGW) → COMECON.
Regenwald. Wälder der immerfeuchten Tropen, die bei gleichmäßig hohen Temperaturen (im Mittel 24–28 °C) und reichlichen Niederschlägen (über 1 500 mm im Jahr) gedeihen. Üppige Tropische Regenwälder überziehen das Amazonas- und Kongobecken, Teile Hinterindiens und Indonesiens. Sie unterscheiden sich von unseren Wäldern durch ausgeprägten **Stockwerkbau** und **Artenreichtum** (etwa 3 000 immergrüne Baumarten, Fülle von Schling- und Kletterpflanzen).
Regenzeit. Jahreszeit mit reichlichem Niederschlag im Unterschied zur Trockenzeit. In den Tropen wird das Klima durch den Wechsel zwischen Regen- und Trockenzeit geprägt.
Rentnerstadt. Vor allem für Rentner geplante und errichtete Siedlung im Süden und Südwesten der USA.
Reservation. Schutzgebiet der Indianer Nordamerikas. Die größte der 244 Reservationen ist die Navajo-Reservation mit 57 000 km².
Rohstoffländer. Länder, die reich an Rohstoffen sind. So bilden pflanzliche Rohstoffe wie Kaffee, Kakao, Kautschuk oder Baumwolle, tierische Rohstoffe wie Wolle, Felle oder Leder und industrielle Rohstoffe wie Erdöl, Eisenerz, Kupfer oder Zinn die Grundlage der Wirtschaft vieler → Entwicklungsländer.
Rotlehm, Laterit (lateinisch „later" = Ziegelstein). Durch Eisenoxid rot gefärbter, nährstoffarmer Boden der wechselfeuchten Tropen.
Satellitenstadt, Schlafstadt. Große Wohnsiedlung ohne Gewerbe- und Industriebetriebe, oft auch ohne höhere Schule. Abhängig von den zentralörtlichen Funktionen der nahe gelegenen Großstadt. Daher fahren die Erwerbstätigen und viele Schüler als Pendler täglich zur Arbeit und Ausbildung, zu Einkauf, Arzt und Behörden in die Stadt. Tagsüber sind diese Schlafstädte, die seit dem Zweiten Weltkrieg in Form riesiger Neubausiedlungen in den Ballungsgebieten entstanden sind, weitgehend verlassen.
Schwarzerde. Durch den hohen Gehalt an Humus schwarz gefärbter, mineralreicher und daher außerordentlich fruchtbarer Boden in Steppengebieten. Infolge der geringen Niederschläge von weniger als 500 mm im Jahr werden die Nährstoffe kaum ausgeschwemmt. In den kalten Wintern und kurzen heißen Sommern findet keine Zersetzung der Pflanzen statt, so daß sich der Humus anreichern kann. Die Schwarzerdegebiete gehören zu den Kornkammern der Erde: Ukraine in der UdSSR, Great Plains in den USA.
Schwellenländer. Bezeichnung für → Entwicklungsländer, die sich auf dem Weg zu → Industrieländern befinden.

Schwerindustrie. Sie umfaßt den Bergbau sowie die Eisen- und Stahlindustrie.
Selbstversorgungswirtschaft, Subsistenzwirtschaft. Wirtschaftsform, die nur der Eigenversorgung dient. Sie ist in den → Entwicklungsländern verbreitet.
Slum. Städtisches Elendsviertel mit mangelhaften Wohnverhältnissen, schlechten hygienischen Bedingungen, mangelnder ärztlicher Versorgung und ungenügender Ausstattung mit Schulen.
Smog. Aus englisch „smoke" (Rauch) und „fog" (Nebel) zusammengesetztes Wort. Durch Abgase (Industrie, Kraftfahrzeuge, Flugzeuge, Haushalte) und Dunst verursachte dichte Nebelschwaden in Verdichtungsräumen (→ Ballungsraum).
Snowbelt-Städte. Städte im „Schneegürtel", in der winterkalten Zone im N und O der USA.
Sowchose. Landwirtschaftlicher Großbetrieb in der Sowjetunion unter staatlicher Leitung. Die Sowchosen, oft über 10 000 ha groß, gleichen Fabriken für landwirtschaftliche Erzeugnisse. Sie produzieren entweder überwiegend Getreide und Baumwolle oder Vieh usw. Diese staatlichen Mustergüter sind besser mit Maschinen ausgestattet als die → Kolchosen.
Sozialprodukt. Geldwert aller im Laufe eines Jahres erzeugten Güter und geleisteter Dienste eines Landes. Bruttosozialprodukt: die Summe der Werte der erzeugten Güter und der Dienstleistungen abzüglich der Werte der von ausländischen Unternehmen bezogenen Güter und Dienste.
Steppe. Von Natur aus waldfreies, außertropisches Grasland. Wegen der fruchtbaren Böden (→ Löß, → Schwarzerde) gehören die Steppengebiete wie die Ukraine und Kasachstan in der UdSSR, die Prärien und Great Plains in den USA und Argentinien zu den Kornkammern der Erde.
Sterberate, Sterbeziffer. Zahl der Todesfälle pro Jahr, bezogen auf 1 000 Einwohner.
Strip-City (Megalopolis, griechisch = Großstadt). Bezeichnung für eine Riesenstadt; vor allem gebraucht für die gewaltige Städteballung an der Atlantikküste der USA zwischen Boston und Washington, kurz „Boswash" genannt.
Strip-farming (Streifenfarmen). Form des Akkerbaues zum Schutz gegen die → Bodenerosion, insbesondere in den USA. Schmale, bebaute und unbebaute Feldstreifen wechseln einander ab, so daß nie große Flächen brachliegen. In Hanglagen geht das Strip-farming oftmals Hand in Hand mit dem Konturpflügen.
Sunbelt-Städte. Städte im „Sonnengürtel" im sonnigen und wintermilden Süden und Südwesten der USA.
Tageszeitenklima. Klima, bei dem die Tagesschwankungen der Temperatur größer sind als diejenigen zwischen Sommer und Winter. Dies ist in den Tropen der Fall. Hier gibt es keine Jahreszeiten, das Jahr gliedert sich vielmehr nach → Regen- und Trockenzeiten. Bei uns in der Gemäßigten Zone oder in der Kalten Zone ist es umgekehrt. Hier herrscht **Jahreszeitenklima**.
Taiga. Der boreale Nadelwaldgürtel, der Sibirien durchzieht; das größte Nadelwaldgebiet der Erde. Die Taiga schließt sich südlich an die → Tundra an und umfaßt zwei Fünftel der gesamten Fläche der Sowjetunion.
Terra firme (port. festes Land). Das überschwemmungsfreie Gebiet des Tropischen Regenwaldes in Amazonien mit seinem üppigen Pflanzenwuchs (3 000 Baumarten). Im Unterschied zur tiefergelegenen **Varzea-Zonen** am Amazonas und seinen Nebenflüssen, die regelmäßig überflutet wird.
Territoriale Produktionskomplexe (TPK). Sie bilden die Grundlage für die Erschließung der Sowjetunion. Jeder der 19 TPK soll über ausreichende Energie- und Rohstoffquellen verfügen, Möglichkeiten der landwirtschaftlichen Nutzung bieten und verkehrsgünstig liegen.
Tierra caliente / Tierra fria / Tierra helada / Tierra nevada / Tierra templada → Höhenstufen.
Tornado. Verheerender Wirbelsturm im südlichen Nordamerika und in Australien.
Trockenfarmen → Dry-farming.
Trockengrenze. An der **klimatischen Trockengrenze** sind Niederschlag und Verdunstung im Laufe eines Jahres gleich hoch. Für die Ernährung der Bevölkerung in den Trockengebieten der Erde ist jedoch **die Trockengrenze des Ackerbaus (agronomische Trockengrenze)** weit wichtiger. Sie verläuft dort, wo wenigstens während vier Monaten im Jahr ausreichend Regen fällt und die jährliche Niederschlagssumme weniger als 500 mm beträgt. Bis dorthin kann Anbau ohne künstliche Bewässerung betrieben werden.
Tundra. Häufig als Kältesteppe bezeichnete baumlose Landschaft der Polargebiete mit spärlichem Pflanzenwuchs (Flechten, Moos, Wollgras) jenseits der Waldgrenze.
Varzea-Zone → Terra firme.
Verdichtungsraum → Ballungsraum.
Verstädterung. Die Zunahme des Anteils der in Städten lebenden Wohnbevölkerung eines Landes an der Gesamtbevölkerung. Die Verstädterung ist weltweit zu beobachten. In Deutschland lebten um 1850 28 % der Bevölkerung in Gemeinden mit über 2 000 Einwohnern, um 1900 54 % und 1975 in der Bundesrepublik Deutschland und der DDR jeweils über 80 %! Probleme der Verstädterung: Überbevölkerung, schwierige Ver- und Entsorgung, Umweltverschmutzung usw.
Zahlungsbilanz. Die Gegenüberstellung sämtlicher Einnahmen und Ausgaben eines Staates im Zeitraum eines Jahres. Man spricht von positiver Zahlungsbilanz, wenn der Wert der Ausfuhren (Export) größer ist als der Wert der Einfuhren (Import). Gegensatz: negative Zahlungsbilanz.
Zambo → Mischling.
Zenitalregen. In den Tropen fallen die Niederschläge zur Zeit des Sonnenhöchststandes, wenn also die Sonne im Zenit steht. Wochenlang kommt es dann am Nachmittag und in der Nacht zu heftigen Gewitterregen.
Zentralamerika. Der südliche Teil der Landbrücke zwischen Nord- und Südamerika mit sieben Kleinstaaten (ohne Mexiko).